논·술·세·계·대·표·문·학

35

장 크리스토프

로맹 롤랑 | 나혜란 엮음

H훈민출판사

〈장크리스토프〉의 배경이 된
독일의 라인 강변

The Best World Literature

인도의 시인 타고르(오른쪽)와 친분이 있었던 로맹 롤랑

〈장크리스토프〉의 배경이 된 교회

로맹 롤랑이 죽기 전까지 7년 동안 생활했던 마을

어린 시절의 로맹 롤랑
– 여동생과 함께

〈장크리스토프〉의 삽화

독일의 쾰른 대성당

하이델베르크의 학사 주점

The Best World Literature

독일의 하이델베르크 - 〈장크리스토프〉에서 주인공 장크리스토프는
독일에서 태어나 생활하다가 나중에 프랑스 파리로 가서 산다.

구인환(丘仁煥)

서울대학교 사범대학 졸업. 동 대학원 졸업(문학박사)
서울대학교 명예교수, 소설가(현). 서울대학교 사범대학 국어교육연구소 소장(현)
문학과문학교육연구소 소장(현). 국제펜 한국본부 부회장(현)
한국소설문학상(1987). 예술문화대상(1994). 한국문학상(2000)
작품 〈숨쉬는 영정〉, 〈살아 있는 날들〉, 〈일어서는 산〉 외 다수

- **저서** 《한국단편소설의 이해》, 《한국현대소설의 비평적 성찰》,
  《고교생이 알아야 할 소설》, 《고교생이 알아야 할 세계단편소설》 외 다수

윤병로(尹柄魯)

성균관대학교 국어국문학과 졸업. 동 대학원 졸업(문학박사)
성균관대학교 교수, 문학평론가(현). 한국현대소설학회장(현)
한국문예학술저작권협회 이사(현). 한국간행물윤리위원회 위원(현)
한국펜 문학상(1987). 한국문학상(1988). 대한민국문학상(1989)
수필집 《나의 작은 애인들》 외 다수

- **저서** 《현대 작가론》, 《한국 현대 소설의 탐구》,
  《한국 근대 작가 작품 연구》, 《한국 현대 작가의 문제작 평설》 외 다수

홍성암(洪性岩)

고려대학교 국어국문학과 졸업. 한양대학교 대학원 국어국문학과 졸업(문학박사)
동덕여자대학교 교수, 소설가(현). 한국문인협회 회원(현)
한국소설가협회 이사(현). 국제펜 한국본부 소설분과 이사(현). 한민족 문화학회 회장(현)
창작집 《큰 물로 가는 큰 고기》, 《어떤 귀향》 외
대하역사소설 《남한산성》 (전9권) 외 다수

- **저서** 《문학의 이해》, 《현대 작가론》, 《한국 근대 역사소설 연구》 외 다수

장크리스토프가 만년에 생활했던 파리의 골목

논술 *세계대표문학*을 펴내며

　21세기의 사회는 **'전자 문명 시대'**라 일컬어질 만큼 오늘날 전자 산업은 우리 생활의 거의 모든 분야에 다양하게 응용되고 있습니다. 출판 분야 또한 예외는 아니어서, 종래의 서책(Book) 대신에 이른바 '전자책(CD-ROM)'의 출간이 최근 들어 날로 증가하고 있습니다.

　그러나 이러한 전자책은 영상 또는 모니터상으로 흥미 위주나 백과사전식 지식을 습득하는 데는 효과적일지 모르지만, 문학 공부를 위해서는 별로 도움이 되지 않습니다. 바꾸어 말하면, 문학 공부는 각 지면마다 살아 숨쉬는 표현 하나하나를 독자 자신의 머리로 음미하면서 작품을 읽어 나가는 가운데, 풍부한 상상력의 배양과 함께 작가의 의도와 그 작품의 내면을 깊이 있게 이해함으로써 이루어지는 것입니다.

　이에 훈민출판사에서는, 자라나는 학생들이 범람하는 영상 매체에 길들여지기 전에, 어려서부터 유명한 세계문학 작품들을 책자를 통하여 감명 깊게 읽고 감상함으로써, 올바른 문학 공부의 기틀을 다지고, 아울러 전인 교육도 할 수 있도록 《논술 세계대표문학(전60권)》을 펴내게 되었습니다.

　작품 선정은, 초·중·고등학교 국어 교과서와 역사 교과서에 실리거나 소개된 문학 작품을 중심으로 하되, 그리스 신화와 성경 이야기 등의 고전에서부터 중세·근대·현대에 이르기까지 세르반테스·셰익스피어·톨스토이 등 세계 유명 작가들의 장·단편 소설들을 엄선·수록하였습니다. 또 세계의 명시도 별권으로 엮었으며, 특히 각 단락마다 **'논술 문제'**를 제시하여, 장차 대학입시를 비롯한 각종 '논술 고사'에 예비 지식을 쌓을 수 있도록 배려하였습니다. 아무쪼록, 이 《논술 세계대표문학(전60권)》이 자라나는 학생들에게 문학 공부의 주춧돌이 되고, 나아가 미래를 살아가는 데 **정신적 자양분**이 되기를 진심으로 바라 마지않습니다.

훈민출판사

차례

장크리스토프

로맹 롤랑

지은이

1866~1944년. 프랑스 부르고뉴 지방에서 출생. 14세 때 파리의 고등사범학교에 들어간 롤랑은 문학과 음악의 꿈을 키워 나갔다. 이후 잠깐 동안 교사직을 맡았으나 글쓰는 일에 모든 시간을 바치기 위해 1912년에 사임했다. 독일 태생의 젊은 음악가의 생애를 그린 〈장크리스토프〉를 발표하면서 문학가로서의 명성을 떨치기 시작한 그는, 이 작품으로 노벨 문학상을 수상하게 되었다.
그가 죽은 뒤에 출판된 〈회고록〉은 인류애에 불타는 한 작가의 보기 드문 성실함을 증언하고 있다.

장크리스토프

미래의 지휘자

라인 강이 요란한 소리를 내며 마을 뒤쪽으로 흐르고 있고, 굵은 빗줄기가 유리창을 때리며 또 다른 소리를 내고 있었다. 아침부터 내리기 시작한 비는 그치지 않고, 계속 금이 간 유리창을 때리며 흘러내렸다.

비가 내리자 낮 동안의 화사한 빛은 어디론가 사라져 버리고, 방 안은 몹시 어둠침침하며 후텁지근하였다. 방 안의 요람에는 갓 태어난 아기가 두 눈을 말똥거리며 누워 있었다.

미셸 노인은 발소리를 내지 않으려고 현관 앞에서 신을 벗은 다음, 조용히 마루 위로 올라서서 조심스럽게 걸음을 옮겼다. 그러나 마룻바닥이 워낙 낡아서, 발을 디딜 때마다 삐걱거리는 소리를 냈다.

그 소리에 놀라 아기가 울음을 터뜨렸다. 그러자 아기 어머니는 요람을 흔들어 주면서 아기를 달랬다.

미셸 노인은 어둠 속을 더듬어 간신히 램프에 불을 켠 뒤, 아기에게 가까이 다가섰다. 아기는 몹시 괴상한 얼굴을 하고 찡그리며 울고 있었다.

"오! 왜 이렇게 못생겼을까?"

미셸 노인이 아기를 향하여 낮은 목소리로 중얼거렸다. 그러자 아기의 어머니인 루이자는, 마치 자신을 꾸중하는 것 같아 서글퍼졌다.

"애야, 너에게 한 말이 아니다. 아기들은 모두 못생겼단다!"

그러다가 무슨 좋은 생각이 떠올랐는지 밝은 목소리로 말하였다.

"어멈아, 그렇다고 크게 걱정할 필요는 없다. 아기 때 얼굴은 누구나 다 마찬가지다. 크면서 점점 예뻐지는 것이지. 그리고 무엇보다 중요한 것은 아기가 착한 마음을 가지고 건강하게 자라는 것이란다."

루이자는 요람 안에 있는 아이에게 몸을 기울이며 말하였다.

"아기가 자꾸 우는데 어쩌면 좋지요?"

"그냥 내버려 두어라. 운다고 매일 안아 주면 버릇이 돼 버리지. 애들이란 대개 울면서 자라게 마련이란다."

그러나 루이자는 아기를 들어올려 가슴에 안았다. 미셸 노인은 벽난로 쪽으로 가더니 화가 난 표정으로 벽난로의 불을 마구 들쑤셨다.

루이자의 품에 안긴 아기는 금세 조용해졌다. 아기를 바라보던 미셸 노인은 또다시 생각난 듯 이야기하였다.

"사람이 제 아무리 훌륭하다고 해도 정직하지 못하면, 아무런 쓸모가 없는 거야."

미셸 노인은 아기를 물끄러미 바라보며, 무엇인가 한참 동안 생각하더니 다시 입을 열었다.

"그런데 멜키올은 도대체 어디 갔지? 이런 때 네 곁에 있어 주지 않고 말이다!"

"아마도, 지금 극장에서 연주회 연습을 하느라 정신이 없을 거예요."

"모르는 소리! 극장은 이미 문을 닫은 지 오래야. 내가 조금 전에 극장 앞으로 지나왔다."

"그럼, 극장 안에 있겠지요."

"아니다. 분명히 또 거짓말을 한 거야! 도대체 어디를 그렇게 쏘다니는 거지?"

"아니에요. 그이는 틀림없이 극장 안에서 연주회 연습을 하고 있을 거예요."

"나는 절대로 그렇게 생각하지 않아!"

루이자는 미셸 노인의 강경한 말에 기가 죽어 아무 대꾸도 할 수가 없었다. 루이자의 눈에서는 어느 새 눈물이 흘러내리고 있었다.

"어쩌다 내가 그런 주정뱅이 녀석을 아들로 두었을까? 아무리 생각해도 너에게 너무 큰 골칫거리를 떠맡긴 것 같아 미안하구나!"

"아니에요. 모두 제 운명인걸요. 사실, 그이가 저 같은 여자와 결혼한 것이 실수였어요. 저는 그이에게는 어울리는 여자가 못 돼요. 그건 아버님도 잘 아시잖아요."

"글쎄다. 그래, 사실 너도 알다시피 나는 멜키올을 아주 애지중지 길렀단다. 그래서 처음에는 재능 있는 음악가였던 멜키올이 가난하고, 신분도 낮으며, 아무런 재주도 없는 너를 아내로 선택했을 때 나는 무척 실망하였지. 하지만 너를 알게 된 후로 나는 네가 좋아졌단다. 어쩌겠니, 일단 결정된 이상 돌이킬 수도 없지 않느냐? 이제는 정직하게 자신들의 의무를 다하는 길밖에 없는 거야."

미셸 노인과 루이자는 더 이상 아무 말도 하지 않았으나, 씁쓰레한 심정이 되었다.

미셸 노인의 아들 멜키올 크라프트와 결혼할 당시, 루이자는 하녀 신분이었다. 그러자 크라프트 집안에 대해 잘 알고 있던 사람들은 모두 놀라며 혀를 찼다.

크라프트 집안은 부유하지는 않았지만, 라인 강 근처에 있는 작은 지방에서는 대대로 뛰어난 음악가를 탄생시킨 집안으로 존경을 받고 있었다. 더구나 쾰른과 만하임 지방의 음악가들은 누구든지, 크라프트 집안의 사람들을 우러러보던 시대였다.

멜키올이 결혼할 당시 미셸 노인은 궁정 악단의 지휘자였다. 그래서 멜키올은 미셸 노인의 후원으로, 젊은 나이에 벌써 궁정 악단에서 바이올린을 연주하였다.

누구보다도 멜키올에게 큰 기대를 걸고 있던 미셸 노인은 아들의 결혼에 대해 무척 화를 냈으나, 원래 착한 성품이었으므로 얼마 후에는 루이자를 친딸처럼 아껴 주었다.

그러나 멜키올이 왜 이런 결혼을 하였는지 어느 누구도 이해하지 못했다. 사실 장본인인 멜키올 자신도 이해할 수 없는 일이었다. 루이자에게 남을 매혹시킬 만한 아름다움이 있는 것도 아니었으니까.

멜키올은 이렇듯 남들의 기대, 혹은 자신의 기대와는 반대되는 행동을 곧잘 하였다. 그래서 멜키올은 루이자와 결혼하자마자, 자신의 행동에 대해 후회하기 시작했다. 그러더니 술을 마시기 시작하였고, 드디어는 주정뱅이가 되어 진창의 늪 속으로 빠지고 말았다. 이제는 음악가로서의 야심도 버리고, 음악적 재능도 버린 그런 사람이 되고 만 것이다.

넋이 나간 듯 앉아 있던 미셸 노인은, 루이자의 말소리에 정신이 번쩍 들었다.

"아버님! 오늘도 그이는 늦을 것 같아요. 가실 길도 먼데, 이제 그만 돌아가셔야지요."

루이자는 걱정스럽다는 듯이 말하였다.

"아니다, 내 걱정은 말아라. 멜키올이 집에 돌아올 때까지 기다리겠다. 너는 내가 그 녀석을 만나는 것을 바라지 않느냐?"

"사실은 겁이 나요. 아버님은 틀림없이 그이를 보시면 또 화를 내실 거예요. 그런 모습을 보고 있기가 힘들어요."

"그렇다면 할 수 없지. 그냥 갈 수밖에……."

미셸 노인은 비틀거리며 자리에서 일어났다. 그 순간, 아기가 또 자지

러지게 울어 댔다. 루이자는 부드러운 목소리로 아기를 달래었다.

"그래, 우리 아기 착하지! 제발 울지 말아라."

그러나 아기는 좀처럼 울음을 그치지 않았다. 잠시 후 밖에서 성 마르탱 성당의 종소리가 은은하게 들려왔다. 그러자 아기는 놀랍게도 울음을 그쳤다.

이 아기의 이름은 장크리스토프였다. 크리스토프는 이렇게 아기 때부터 소리에 무척 예민한 귀를 가지고 있었다. 루이자는 성당의 종소리를 들으며 괴로웠던 지난 날들과, 크리스토프의 장래에 대하여 많은 생각을 하였다. 그러다가 루이자와 크리스토프는 잠이 들었다.

많은 시간이 흐르고, 그러는 사이에 크리스토프의 몸과 마음도 조금씩 자라 갔다. 파란 하늘도 크리스토프가 씩씩하게 자라는 것을 기뻐하듯, 환한 미소를 보내 주는 것 같았다.

한 줄기의 햇살이 커튼을 통하여 침대 위로 사뿐히 내려앉았다. 매일 아침, 크리스토프가 눈을 뜨면 침대 위에는 찬란한 햇살이 소복하게 쌓여 있었다. 크리스토프의 작은 천국은 이렇게 빛나고 있었다.

가족들이 함께 식사하는 식탁이며, 여러 가지 그릇들이 숨바꼭질하는 찬장, 그리고 자신 이외에는 아무도 모르는 말을 중얼거리는 벽시계가 모두 크리스토프의 친구가 되어 주었다. 크리스토프는 매일, 자신만의 우주인 이 공간을 탐험하며 신나는 여행을 떠났다. 크리스토프에게는 이 모든 것이 소중하게 느껴졌다.

크리스토프는 낮은 목소리로 노래를 부르기 시작하였다. 그러나 자신도 모르게 노랫소리는 점점 커져 갔다. 그러자 아버지 멜키올이 버럭 화를 내었다.

"이 나귀 같은 놈, 당장 입을 다물지 못해!"

이런 날 크리스토프는 언제나 멜키올에게 매를 맞았다.

크리스토프는 이따금 자신의 발가락이나 손가락을 들여다보다가, 큰 소리로 웃기도 하였다.

'참, 신기하다. 손가락 발가락이 모두 다르게 생겼네.'

크리스토프의 집은 읍내에서 떨어진 변두리에 있었다. 집 바로 옆에는 들판이 펼쳐져 있었는데, 크리스토프는 그 작은 발걸음으로 들판을 걷거나 뛰어다니는 것을 매우 좋아하였다.

크리스토프의 머릿속에는 언제나 즐겁고 신나는 장면들이 떠올랐다. 크리스토프는 울타리 옆에 서 있는 작은 나무 하나도 결코 무심히 보지 않았다. 크리스토프에게는 나뭇가지가 마치 마법의 지팡이처럼 보였다. 이 마법의 지팡이를 한번 휘두르기만 하면, 땅 속으로부터 수많은 병사들이 솟아 나올 것만 같았다.

크리스토프는 마치 자기가 장군이 된 기분이었다. 그는 군인들을 호령하며 적의 진지 바로 옆에 있는 언덕 위를 쏜살같이 돌진해 들어갔다. 또 마법의 지팡이가 짧으면, 그것은 악단을 지휘하는 지휘봉이 되어 크리스토프를 멋진 지휘자로 만들었다.

크리스토프는 신나게 지휘를 하기도 하고, 아름다운 목소리로 노래도 불렀다. 그런 다음 연주회가 끝나면, 크리스토프는 바람에 흔들리는 작은 나무들을 향하여, 청중들에게 하듯 정중하게 인사를 하였다.

피아노 배우기

미셸 노인은 자주 크리스토프를 데리고 산책을 다녔다. 크리스토프는 미셸 노인의 손에 이끌려 숲 속을 돌아다녔다. 고요한 숲 속에서는 귀뚜라미 울음소리가 들려왔다.

"크리스토프, 할아버지도 어릴 적에는 이렇게 산책을 다니면서 옛날 사람들의 이야기를 들었단다. 그 때는 정말 재미있었지."

미셸 노인은 이렇게 말하면서, 크리스토프에게 나폴레옹에 관한 이야기를 해 주었다.

또 무더운 여름날이면 미셸 노인과 크리스토프는 시원한 나무 그늘에 앉아 낮잠을 즐기기도 하였다. 미셸 노인이 낮잠을 잘 때면, 크리스토프는 옆에서 노래를 부르거나 혼자 무언가를 계속 중얼거렸다. 그러다가 바닥에 벌렁 드러누워서 하늘을 쳐다보며 흘러가는 구름과 이야기를 나누었다.

"구름아, 너는 지금 어디로 흘러가니? 나도 데리고 갈 수는 없겠니?"

이렇게 자란 크리스토프가 자신의 주변에 관하여 관심을 보이게 된 것은, 집안 살림이 점점 더 어려워진 뒤였다.

이 때 크리스토프의 나이는 여섯 살로, 그의 밑으로는 에른스트와 로돌프라는 두 동생이 있었다.

어머니 루이자는 돈을 벌어야만 했기 때문에, 자주 결혼식이나 세례식 같은 축하 잔치가 열리는 곳으로 가서 요리를 해 주었다. 루이자는 그럴 때마다 에른스트와 로돌프를 크리스토프에게 맡겼다. 크리스토프는 루이자가 자신에게 맡긴 일에 대해 최선을 다하려고 노력하였다. 그러나 어린 두 동생을 돌보는 일이 그렇게 쉽지만은 않았다.

"크리스토프, 이건 네 옷이란다."

어느 날, 크리스토프는 루이자가 준 옷을 받아 들고 기뻐서 어쩔 줄을 몰라하였다. 이 옷은 루이자가 남의 집에서 얻어 온 것으로, 크리스토프의 몸에 맞게 고친 것이었다.

며칠 후, 크리스토프는 루이자가 일하고 있는 저택으로 루이자를 만나러 갔다. 그 저택에는 크리스토프와 같은 또래의 남자 아이와 여자 아이가 있었다. 그런데 남자 아이가 크리스토프를 보자, 느닷없이 윗도리를 잡으며 말하였다.

"야, 이건 내 옷이잖아!"

크리스토프는 그 아이가 도대체 무슨 소리를 하는 건지 이해가 되지 않았다. 그래서 화가 난 표정으로 말하였다.

"뭐라고? 이건 내 옷이야!"

"아니야! 이건 틀림없이 내 옷이야. 나는 알아."

크리스토프가 입고 있던 옷은 루이자가 이 저택에서 얻어다가 고쳐 준 것이었으므로 이 아이가 그렇게 말하는 것은 너무나 당연한 이야기였다. 그러자 여자 아이가 입을 삐죽 내밀면서 남자 아이에게 속삭였다.

"오빠, 저 아이는 가난뱅이야!"

"맞아! 저 녀석을 골려 줄 무슨 좋은 방법이 없을까?"

두 아이는 이렇게 소곤거리더니, 의자에 여러 가지 물건을 얹어 장애물을 만들고, 크리스토프에게 뛰어넘어 보라고 강요하였다. 크리스토프는 두 아이가 하라는 대로 전력을 다하여 뛰어넘으려 하였지만, 안타깝게도 의자에 걸려 넘어지고 말았다.

그러자 두 아이는 깔깔거리며 좋아하였다. 크리스토프는 화가 나서 벌떡 일어나 다시 한 번 시도해 보았다. 이번에는 멋지게 장애물을 뛰어넘었다. 그러자 두 아이는 기분이 나쁘다는 듯이 더 많은 장애물을 만들어 크리스토프에게 뛰어넘어 보라고 윽박질렀다.

"싫어!"

크리스토프가 거절하자, 여자 아이가 말하였다.

"이런 바보! 너는 겁쟁이로구나."

"뭐, 겁쟁이라고?"

이 말에 화가 난 크리스토프는 넘어질 것을 뻔히 알면서도 다시 뛰었

다. 예상대로 그는 벌렁 나동그라지고 말았다. 크리스토프의 손과 무릎에서는 피가 났으며 윗도리는 찢어졌다. 두 아이는 기뻐서 어쩔 줄 몰라하며 숨이 넘어갈 듯이 웃어 댔다.

크리스토프는 화가 치밀었지만 꾹 참고 일어서려는데, 남자 아이가 밀어서 또 넘어지고 말았다. 그래도 크리스토프는 다시 일어났다. 그러자 이번에는 두 아이가 함께 달려들어 크리스토프에게 발길질을 해 대고 주먹으로 때렸다.

크리스토프는 더 이상 화를 참을 수 없어서 두 아이를 쓰러뜨렸다. 그리고는 남자 아이를 주먹으로 친 다음, 여자 아이의 뺨을 때려 주었다. 두 아이는 악을 쓰며 울어 댔다. 그러자 두 아이의 어머니가 허둥지둥 달려나오더니 크리스토프를 마구 때렸다.

"이놈! 여기가 어디라고 함부로 손찌검이야?"

악을 쓰며 울고 있던 두 아이도 달려들어, 크리스토프에게 마구 욕설을 퍼부었다. 그 때 루이자가 달려왔다. 그러나 루이자는 크리스토프의 편을 들어주기는커녕 다짜고짜 크리스토프의 뺨을 때리며 야단을 쳤다.

"어서 마님께 잘못했다고 사과드려라."

그러나 크리스토프는 아무 잘못도 없는데, 사과를 하라고 하는 루이자를 이해할 수 없었다.

크리스토프의 가슴은 분노와 슬픔으로 터질 것만 같았다. 크리스토프는 그길로 도망을 쳤다. 겨우 집에 도착하자, 참았던 눈물이 펑펑 쏟아졌다. 그 때 멜키올이 들어왔다.

"너, 또 무슨 못된 짓을 저질렀구나! 그렇지?"

크리스토프가 아무 대답도 하지 않자, 멜키올은 더 큰 소리로 호통을 쳤다. 크리스토프는 또다시 울음을 터뜨리고 말았다.

이 때 집으로 돌아온 루이자는 아직도 마음이 가라앉지 않았는지 크리스토프를 보자마자 야단을 치며 마구 때리기 시작하였다. 그러자 멜키올도 덩달아 크리스토프를 때렸다.

그 날 크리스토프는 어둡고 캄캄한 방에 갇힌 채, 벌로 저녁을 굶어야만 하였다. 멜키올과 루이자의 고함 소리가 끊임없이 들려왔다.

크리스토프는 아버지와 어머니에 대한 존경심도, 인생에 대한 희망도, 또 남을 사랑하고 남에게서 사랑을 받고 싶다는 욕망도 물거품처럼 사라지는 것만 같았다. 크게 상심한 크리스토프는 절망으로 몸부림치다가 끝내 쓰러지고 말았다.

멜키올과 루이자는 깜짝 놀라 방문을 열었다. 그리고는 다정하게 크리스토프를 안으며, 그의 상처받은 마음을 어루만져 주었다. 그런 일이 있은 뒤로 크리스토프의 집안은 더욱 궁핍해졌다. 그러나 멜키올은 집안 살림에는 전혀 관심이 없는 것처럼 보였다. 그런 일에 누구보다도 민감한 사람은 크리스토프였다.

멜키올은 초라한 식탁에서도 언제나 마음껏 먹었으며, 가족들이 배고파하는 것은 전혀 상관하지 않았다. 한 사람에게 배당된 감자는 두 개였다. 크리스토프가 접시에 감자를 옮겨 담을 차례가 되었는데, 그 때 남은 감자는 세 개뿐이었다. 게다가 루이자는 아직 빈 접시였다. 크리스토프는 무척 배가 고팠으나, 태연하게 말하였다.

"어머니, 저는 하나면 돼요!"

"크리스토프, 너도 배가 고플 텐데……."

"아니에요, 어머니도 드셔야지요."

크리스토프와 루이자는 접시에 감자를 하나씩 옮겨 놓고, 껍질을 벗겨 가며 조금씩 먹었다.

"뭘 그렇게 꾸물거리며 먹니?"

멜키올은 이렇게 퉁명스럽게 말하더니, 하나 남아 있던 감자를 덥석

들고 먹었다. 루이자는 그런 멜키올이 너무나 야속하고 미웠다. 어린 크리스토프가 가족들을 위하여 배고픔을 참을 때마다, 루이자의 가슴은 찢어지는 것 같았다. 이렇게 루이자와 크리스토프는 서로의 마음을 이해하고 있었다.

이런 침울한 생활이 계속되던 어느 날, 크리스토프에게 드디어 한 줄기 빛이 비추기 시작하였다. 미셸 노인이 낡은 피아노 한 대를 크리스토프에게 선물한 것이었다. 이 피아노는 원래 미셸 노인이 친한 친구로부터 처분을 해 달라고 부탁받은 것이었는데, 미셸 노인이 찬찬히 손질을 하여 고쳐 놓았던 것이다. 처음에는 가족들 모두 달갑지 않게 여겼다.

"방이 더 좁아졌어요."

루이자는 이렇게 불평을 하였다. 멜키올 역시 못마땅하게 여겼다.

"이따위 고물 피아노는 땔감도 못 돼요."

그러나 크리스토프는 무척 신기하게 여기며 좋아하였다. 피아노가 마치, 《아라비안 나이트》 속에 나오는 마법의 상자 같다고 생각되었다.

어느 날, 멜키올이 조율을 하기 위하여 피아노를 치자, 크리스토프는 아주 기뻐하면서 더 쳐 달라고 졸랐다.

크리스토프는 피아노 곁을 떠날 줄 몰랐다. 누가 있거나 없거나, 언제나 피아노 건반을 두드렸다. 어떤 날엔 시끄러워 견딜 수가 없다며 루이자에게 꾸중도 많이 들었다. 크리스토프는 멜키올과 루이자가 외출하는 날이면, 그들이 돌아올 때까지 계속 피아노를 쳤다.

'정말 마법의 소리인가 봐!'

크리스토프는 건반을 두드릴 때마다 흘러나오는 맑고 부드러운 소리, 높은 소리, 날카로운 소리, 낮은 소리들이 너무나 신기하게 여겨졌다.

잘 들어 보면 그 소리는 교회에서 들려오는 종소리 같기도 하고, 숲 속에서 우는 풀벌레 소리처럼 들리기도 했다. 또 가끔은 이내 사라질 것 같으면서도 은은하게 품속으로 파고드는 소리 같기도 하였다.

'정말 이상한 소리야! 마치 이 안에 요정이 숨어서 아름다운 노래를 들려주는 것 같아!'

이 날도 크리스토프는 피아노를 열심히 치고 있었다. 그 때 느닷없이 멜키올이 들어섰다. 크리스토프는 보나마나 혼날 것이라는 생각이 들어서, 잔뜩 긴장하고 있었다. 그런데 뜻밖에도 멜키올은 부드러운 말투로 물었다.

"크리스토프! 피아노 치는 것이 그렇게 재미있니?"

"네, 아버지!"

"그럼, 내가 제대로 가르쳐 줄까?"

"정말이에요? 아이, 좋아라."

그 날부터 크리스토프는 멜키올로부터 피아노 치는 법을 열심히 익히고 배웠다. 정성을 다해 지도해 주는 멜키올을 보며 크리스토프는 처음으로 아버지에 대한 존경을 느꼈다. 그러나 멜키올이 어떤 생각을 하고 있는지 알았더라면 크리스토프가 그토록 기뻐하지는 않았을 것이다.

멜키올은 이런 생각으로 크리스토프에게 피아노를 가르치고 있었다.

'크리스토프는 음악의 신동이다! 내가 아직까지 그것을 몰랐을 뿐이다. 이 아이가 루이자의 피를 이어받았다고 생각했던 것이 내 실수였어. 크리스토프는 확실히 우리 가문의 음악적 재능을 타고 난 아이야. 잘만 가르치면 훌륭한 음악가가 될 거야. 그럼, 크리스토프 덕분에 외국에 가게 될지도 모르지.'

그런데 매일 본격적인 피아노 연습이 계속되자, 크리스토프는 피아노를 치는 것이 지겨워졌다. 손가락이 아프고, 더 이상 재미도 느끼지 못했으며, 따분하다는 생각만 들었다.

크리스토프는 이제, 멜키올이 가르쳐 주는 것을 건성으로 들을 때가 더 많아졌다. 그런데다가 어느 날 밤, 멜키올이 옆방에서 자신의 계획에 대해 이야기하는 것을 엿들은 후부터 사태는 더욱 악화되었다.

'아니, 그렇다면 내가 이토록 따분해하며 온종일 피아노 건반을 두드려야 하는 것이, 사람들의 구경거리가 되기 위해서였다는 말인가! 그럼, 일부러 서투르게 쳐서 아버지를 실망시켜야지.'

이렇게 생각한 크리스토프는 곧바로 자신의 생각을 실천에 옮겼다. 크리스토프의 태도가 달라졌다고 느낀 멜키올은 귀가 멍멍해질 정도로 고함을 지른다거나, 사정없이 매를 들며 크리스토프를 가르쳤다.

"아버지, 이제는 피아노가 지겨워졌어요. 다시는 치고 싶지 않아요."

"뭐, 지겹다고? 어떻게 그런 생각을 할 수 있지? 너는 절대 피아노 앞을 떠날 수가 없어!"

멜키올의 호령은 무섭게 떨어졌다. 회초리를 든 멜키올의 눈매는 불타는 듯 이글거렸다. 그러나 크리스토프의 고집도 만만치 않았다. 결국 멜키올은 크리스토프에게 이렇게 말하였다.

"피아노를 치지 않으면 밥을 주지 않겠다!"

작품 제1번

크리스토프는 멜키올에게 굴복하지 않을 수 없었다. 멜키올의 집념과 모진 매를 이겨 낼 자신이 없었기 때문이었다. 결국, 크리스토프는 매일 아침과 저녁에 세 시간 정도 피아노 앞에 앉아 연습을 해야만 했다.

마음속으로는 멜키올이 밉고 음악이 싫었지만, 그래도 크리스토프는 열심히 하였다. 언젠가 미셸 노인이 한 말이 감명을 주었기 때문이었다. 피아노를 치기 싫다며 울고 있는 크리스토프에게, 미셸 노인은 다정한 목소리로 타일렀다.

"크리스토프, 사람에게 주어진 가장 숭고하고도 아름다운 예술은 바로 음악이란다. 음악을 위해서라면 얼마간의 어려운 고통은, 당연히 참고 견디어야 하는 것이다."

크리스토프는 미셸 노인이 마치 자신을 어른으로 대해 주는 것 같아 감동을 받았다. 그러나 그 어떤 말보다도 몇몇 음악적 감동의 기억이, 크리스토프를 굴복할 수밖에 없게 하였다.

어느 날 오후였다.

"크리스토프, 나하고 오페라 구경을 가자꾸나!"

미셸 노인은 어린 크리스토프의 손을 이끌고 극장으로 갔다.

크리스토프는 그 때까지 오페라를 본 적이 없었으므로, 한편으로는 빨리 보고 싶은 마음도 있었으나, 또 한편으로는 두려움도 느껴졌다.

미셸 노인은 크리스토프에게 오페라의 줄거리를 자세히 설명해 주었으나 너무 어려워서 이해할 수가 없었다. 그러나 오페라가 시작되자마자 크리스토프는 격렬한 감동에 사로잡혀 아무 말도 할 수 없었다.

크리스토프는 무대 위에서 열연하는 연기자들 중 마음에 드는 사람을 골라, 그 사람을 중심으로 오페라를 감상하였다. 크리스토프는 음악이 오페라의 분위기를 더욱 활기차고 감미롭게 만들어 준다고 생각하였다.

크리스토프와 미셸 노인은 집으로 돌아오면서 방금 보고 온 오페라의 장면들을 떠올리고 있었다. 크리스토프는 아직까지도 자신이 극장에 앉아 있는 것 같은 착각에 빠져 있었다. 그 때 미셸 노인이 입을 열었다.

"크리스토프, 오늘 본 오페라가 재미있었니?"

"네, 너무 재미있었어요."

미셸 노인은 미소를 지으며 크리스토프에게 말하였다.

"이제 너도 깨달았겠지? 음악가라는 직업이 얼마나 훌륭한 것인지 말이다. 훌륭한 오페라를 만드는 것은 어려운 일이지만, 그것을 공연한 뒤에 얻는 명예는 무엇과도 비교할 수 없을 만큼 큰 것이란다."

미셸 노인은 그러면서 이번 오페라를 만든 프랑수아 마리 허슬러에 대한 이야기를 들려주었다.

"베를린에 살고 있는 젊은 예술가란다. 나와도 잘 아는 사이지!"

"그럼, 할아버지도 오페라를 만든 적이 있나요?"

"물론이지!"

미셸 노인은 약간 기운이 빠진 듯한 목소리로 대답하였다. 사실, 미셸 노인은 늘 오페라를 위한 곡을 만들고 싶었으나, 좋은 영감이 떠오르지 않았다.

아니 좀더 솔직하게 말하면, 예전부터 만들어 놓은 오페라 곡이 있기는 하였지만, 남에게 보여 주고 평가를 받을 만한 용기가 나지 않았던 것이다.

그 후, 얼마 있지 않아 크리스토프에게 커다란 충격을 준 한 가지 사건이 일어났다.

"허슬러 씨가 우리 마을에 온다!"

크리스토프에게 깊은 감동을 준 오페라 작가 허슬러가, 자신의 작품을 직접 지휘하기 위하여 며칠 후에 이 마을에 온다는 소식이 전해졌다. 시내는 온통 허슬러가 온다는 소문으로 술렁거렸다. 크리스토프는 오로지, 허슬러를 만나 보고 싶다는 생각밖에 들지 않았다.

드디어 허슬러가 마을에 도착하였다. 허슬러는 궁정에 머물렀는데, 연습을 지휘하느라 극장에 가는 일 이외에는 거의 외출을 하지 않았다. 따라서 크리스토프가 그를 볼 수 있는 기회는 좀처럼 오지 않았다.

드디어 연주회 날이 다가왔다. 크리스토프가 허슬러를 가까이서 볼 수 있는 기회가 생긴 것이다. 허슬러가 나타나자 사방에서 요란한 박수

갈채가 쏟아졌다. 크리스토프는 허슬러를 뚫어지게 응시하였다. 허슬러의 몸짓은 부드러우면서 또 강하였고, 또한 섬세하였다.

크리스토프는 자기도 모르게 흥분되어 자리에 가만히 앉아 있을 수가 없었다. 공연히 몸을 뒤틀거나, 앉았다 일어서는 것을 반복하였다. 연주회가 끝나고 허슬러를 위한 만찬회가 열리자, 미셸 노인은 크리스토프를 데리고 만찬회에 참석하였다.

허슬러는 미셸 노인을 만나자, 매우 공손하게 말을 건네었다. 그러자 미셸 노인은 허슬러에게 심하다 싶을 정도로 찬사를 아끼지 않았다. 허슬러는 그것이 당연하다는 듯한 표정을 지었다. 미셸 노인은 허슬러에게 크리스토프를 소개하였다.

"허슬러 씨, 이 아이가 제 손자인 크리스토프입니다. 음악을 무척 좋아하지요. 허슬러 씨가 우리 마을에 오신다고 하니까, 며칠 동안 잠도 못 자고 기다리고 있더군요. 그래서 이렇게 데리고 왔습니다."

"오, 그래요?"

허슬러는 크리스토프를 번쩍 들어 품에 안더니, 다정하게 여러 가지를 물었다. 크리스토프는 처음에 너무 감격하여 아무 말도 하지 못했으나, 얼마 후에는 허슬러가 묻는 말에 상냥하게 대답할 수 있었다. 허슬러는 크리스토프의 이야기에 귀를 기울이면서 환한 목소리로 말하였다.

"커서 훌륭한 음악가가 되거든, 베를린으로 나를 찾아오너라. 내가 꼭 도와줄 테니까."

크리스토프는 너무 기쁜 나머지 대답도 하지 못하고, 몇 번이나 고개만 끄덕여 보였다.

그날 밤 긴 꼬리를 감추며 밤하늘로 떨어지던 유성은, 크리스토프의 마음에 결정적인 영향을 끼쳤다. 여섯 살 난 크리스토프는 어렴풋하게나마 자신도 작곡을 해야겠다고 결심하였다.

그러나 크리스토프는 이미 오래 전부터, 자신도 깨닫지 못하는 사이에 작곡을 하고 있었다. 작곡을 한다는 것이 무엇인지도 모르는 채 작곡을 해 왔던 것이다.

크리스토프의 마음에는 모든 것이 음악적으로 들려왔다. 흔들리고 와글거리고 고동치는 모든 것들, 뜨겁게 내리쬐는 여름날의 햇볕, 산들바람이 부는 밤의 정적, 밤하늘을 수놓는 별의 소곤거림, 사납게 몰아치는 폭풍, 새들의 지저귐, 귀뚜라미의 울음소리, 나뭇가지가 흔들리는 소리, 문이 삐걱이는 소리, 밤의 침묵 속에서 들리는 심장이 고동치는 소리 등, 세상에 존재하는 모든 것들이 그에게선 음악이었다.

크리스토프가 보는 것과 느끼는 것은 모두가 순식간에 음악으로 변하였다. 그러나 어느 누구도 그러한 사실을 눈치채지 못하였다.

크리스토프는 즐거운 마음으로 끊임없이 노래를 불렀다. 그가 무엇을 하고 있든 마찬가지였다. 한 발로 깡충깡충 뛰며 길가에서 놀고 있을 때에도, 마룻바닥에 드러누워 두 손으로 머리를 받치고 천장을 바라보고 있을 때에도, 혹은 어둠이 내리는 주방의 구석에서, 조그만 자신의 의자에 앉아 하염없이 몽상에 잠겨 있을 때조차, 크리스토프의 단조로운 흥얼거림은 끊이지 않았다.

입을 다물고 볼을 부풀려 입술을 떨리게 하는 이런 행동은 몇 시간 동안이나 계속되었는데, 루이자는 이런 것에 별로 주의를 기울이지 않았다. 그러나 이따금씩 참지 못하겠다는 듯 별안간 소리를 꽥 지르기도 하였다. 크리스토프는 이런 행동에 싫증이 나면, 큰 소리로 노래를 부르고 싶다는 욕구에 사로잡혔다. 그럴 때면 그는 한껏 소리를 높여 노래를 불렀다.

크리스토프는 생활의 모든 것들을 위하여 음악을 만들고 있었다.

아침 나절에 조그만 집오리처럼 대야 속의 물을 휘저을 때의 음악도 있었다. 그 지겨운 피아노 의자에 오를 때의 음악도 있었고, 내려올 때의 음악도 있었다. 특히 의자에서 내려올 때의 음악이 아주 훌륭하였다. 또 루이자가 식탁으로 음식을 나를 때의 음악도 있었다. 그럴 때에 크리스토프는 군악을 연주하며 루이자 앞에 섰다.

어느 날, 크리스토프는 미셸 노인의 집에서 머리를 뒤로 젖히고, 배는 앞으로 쑥 내민 채, 발뒤꿈치로 마룻바닥을 구르면서 방 안을 빙글빙글 돌고 있었다. 그는 자신이 만든 노래를 부르며, 어지러워 나동그라질 때까지 빙글빙글 돌았다.

그 때 면도를 하고 있던 미셸 노인이 손을 멈추고는, 크리스토프를 향해 물었다.

"크리스토프, 지금 무슨 노래를 부른 거지?"

크리스토프는 모른다고 대답하였다.

"너, 그 노래를 다시 한 번 불러 보겠니?"

미셸 노인의 말에 크리스토프는 다시 불러 보려고 했지만, 아까 불렀던 것과 똑같이 부를 수는 없었다. 크리스토프는 다른 사람의 주의를 끌었다는 것에 으쓱해져서 오페라 중의 한 곡을 자기 나름대로 노래하여, 음악성을 칭찬받으려고 하였다.

그러나 미셸 노인이 찾고 있는 것은 그런 것이 아니었다. 미셸 노인은 이미 크리스토프에게 관심이 없는 것 같았다.

그로부터 며칠 후, 크리스토프는 의자를 둥그렇게 가져다 놓고, 극장에서 본 기억을 되살려 자신이 만든 노래를 불러 보았다. 크리스토프는 극장에서 본 대로 미뉴에트(프랑스에서 시작된 4분의 3박자의 춤곡)의 가락에 맞추어, 탁자 위에 걸려 있는 베토벤의 초상화를 향하여 경건하게 경례를 하였다.

그리고 나서 창가로 달려가, 무슨 중대한 것이라도 들여다보듯 유리창에 얼굴을 바싹 갖다 대었다. 그러자 미셸 노인은 아무 말도 하지 않고, 크리스토프에게 다가와 입을 맞추어 주었다.

크리스토프는 이런 호의를 받자 동요하지 않을 수 없었다. 자신이 크게 칭찬을 받았다는 생각이 들었던 것이다. 그러나 미셸 노인이 자신의 무엇을 마음에 들어 하였는지는 확실히 알 수 없었다.

그로부터 일주일이 지난 뒤, 미셸 노인은 매우 의미심장한 표정으로, 크리스토프에게 보여 줄 것이 있다고 말하였다.

그리고는 책상 서랍을 열더니 안에서 악보집을 한 권 꺼내어, 크리스토프에게 쳐 보라고 하였다. 크리스토프는 약간 당황했으나, 어쨌든 그 악보를 펼쳐 놓고 피아노를 쳤다.

악보는 미셸 노인이 굵은 필체로 특별히 공들여 기록한 것이었는데, 서두의 문자는 굴레와 꽃 모양으로 장식되어 있었다. 옆에 앉아서 페이지를 넘겨 주던 미셸 노인은, 이윽고 크리스토프에게 물었다.

"이것이 무슨 음악인지 알겠니?"

크리스토프는 연주에만 정신이 팔려 있어서, 자신이 무슨 곡을 치고 있는지조차 전혀 알 수 없었다. 그래서 그는 모르겠다고 대답하였다.

"주의해서 잘 들어 보아라. 그래도 모르겠느냐?"

크리스토프가 집중하여 들어 보니, 정말 귀에 익은 곡이었다. 그러나 어디에서 들은 곡인지는 정확히 알 수가 없었다.

"잘 생각해 보려무나."

크리스토프는 고개를 가로저으며, 모르겠다고 대답하였다.

"크리스토프, 네가 지어 놓고도 모른단 말이냐?"

마음속으로 어렴풋이 그렇게 생각하고 있던 크리스토프는, 순간 가슴이 철렁 내려앉는 것만 같았다.

"오! 할아버지……."

미셸 노인은 생기에 가득 찬 얼굴로 악보를 설명해 주었다.

"이건 아리아(오페라에서의 선율이 아름다운 독창곡)란다. 지난 화요일, 네가 마룻바닥을 구르면서 노래하던 것이지. 또 이건 행진곡이란다. 이것 역시 지난 주에 내가 너에게 다시 한 번 불러 보라고 했던 그 곡이지. 그리고 이건 미뉴에트야. 내 안락의자 앞에서 네가 춤을 추며 부르던 바로 그 곡이다. 자, 이 표지를 보아라."

그러면서 미셸 노인은 크리스토프에게 악보의 표지를 보여 주었다.

어린 시절의 기쁨
아리아, 미뉴에트, 왈츠 및 행진곡
장크리스토프 크라프트 작품 제1번

표지를 보고 감동한 크리스토프는 더듬거리며 간신히 말하였다.

"오, 할아버지! 이렇게 훌륭한 표지를……. 정말 고맙습니다!"

미셸 노인은 크리스토프를 힘껏 끌어안았다. 크리스토프는 미셸 노인의 무릎에 올라앉아 가슴에 얼굴을 묻었다. 크리스토프의 얼굴은 너무나 기뻐서 붉게 상기되어 있었다. 미셸 노인은 기쁨을 감추고, 애써 태연한 얼굴로 말하였다.

"물론 내가 반주를 덧붙였고, 노래의 음률에 화성을 넣었지. 그리고 미뉴에트에는 삼중주를 넣었단다. 왜냐하면 그것이 관례거든. 그런데 결코 나쁘지 않다는 생각이 드는구나."

크리스토프는 미셸 노인의 말에 더욱 기쁜 표정으로 말하였다.

"그럼, 할아버지 이름도 써 두어야겠네요."

"그럴 필요는 없다. 너 이외의 다른 사람은 알 필요가 없으니까 말이야. 그저 먼 훗날, 내가 이 세상을 떠난 뒤, 이 곡이 너로 하여금 나를 생각나게 해 주었으면 좋겠구나. 크리스토프, 너는 나를 잊지 않겠지?"

미셸 노인은 끝까지 말을 잇지 못하였다. 미셸 노인은 자신의 자랑스런 손자 크리스토프의 작품 속에, 자신의 어설픈 한 음절을 엮어 넣었다는 기쁨에 뭐라고 할 말이 없었다. 크리스토프는 너무 감격한 나머지, 미셸 노인의 얼굴에 마구 입맞춤을 하였다. 미셸 노인은 크리스토프의 이마에 입을 맞추며 말했다.

"크리스토프, 너는 나를 기억해 줄 수 있겠지? 장차 네가 훌륭한 음악가가 되어 우리 집안의 명예가 되고, 조국의 명예가 되었을 때, 맨 처음 너를 알아보고 네 미래를 예언한 사람이 이 할아버지였다는 것을 기억해 주겠지?"

미셸 노인은 이렇게 말하면서 눈물을 글썽였다. 그러나 약한 모습을 크리스토프에게 보이고 싶지 않아서, 무뚝뚝한 표정으로 악보를 챙겨 넣으면서 크리스토프를 집으로 돌려보냈다.

크리스토프는 기쁨에 넘쳐서 집으로 돌아왔다. 돌멩이들이 자기 주변에서 춤을 추는 것 같았다.

그러나 크리스토프를 대하는 가족들의 태도가, 크리스토프를 그런 도취에서 깨어나게 하였다. 크리스토프가 신이 나서 자신이 곡을 만들었다고 자랑을 늘어놓자, 루이자는 크리스토프를 비웃었고, 멜키올은 코웃음을 쳤다.

"크리스토프, 그런 어리석은 말은 그만하고, 지금 당장 피아노 앞에 앉아서 연습이나 하거라. 그것이 이 아버지를 기쁘게 하는 일이야. 알겠니? 그리고 작곡 따위는 더 이상 배울 것이 없다고 생각될 때 해도 늦지 않아!"

멜키올은 이렇게 말하면서 크리스토프를 자만심으로부터 지켜 줄 것이라고 믿었으나, 사실은 전혀 그렇지 않았다. 멜키올 자신은 이제까지 한 번도 음악으로 그 무엇을 표현할 수 있다는 것은 생각조차 해 보지 못하였고, 또한 욕구도 느끼지 못했기 때문에, 연주자의 기술만이 모든 가치를 부여한다고 생각하고 있었다.

어쨌든 멜키올의 훈계는 크리스토프가 마음의 평형을 유지하는데 도움을 주었다. 그러나 마음속으로는 할아버지가 아버지보다 훨씬 지혜롭다고 생각하고 있었다. 그가 싫은 내색을 하지 않고 피아노 앞에 앉은 것도 멜키올의 말에 따르는 것이라기보다는, 건반 위에서 기계적으로 손가락을 움직이며 언제나처럼 제멋대로의 상상에 잠기고 싶었기 때문이었다. 크리스토프는 연습을 계속하면서 자신의 마음속에서 들려오는 목소리를 듣고 있었다.

'나는 작곡가다. 위대한 작곡가다.'

그 날부터 크리스토프는 작곡을 하기 시작하였다. 글씨조차 제대로 쓸 줄 모르면서, 가계부에서 찢어 낸 종이에 4분 음표나 8분 음표를 계속 그려 댔다. 그는 자신이 생각하고 있는 것이 무엇인지 알려고 하였고, 그것을 분명히 표현하려고 애썼다.

악보가 완성되면 크리스토프는 제일 먼저 그것을 미셸 노인에게 가지고 갔다. 그러면 미셸 노인은 기쁨의 눈물을 흘리며 크리스토프에게 훌륭하다고 칭찬해 주었다.

첫 연주회

이와 같은 미셸 노인의 행동은 크리스토프를 잘못된 방향으로 이끌기도 하였다. 그러나 다행히도 크리스토프는 음악적 재능을 갖춘 한 사람에 의하여 구제되었다. 그 사람은 자신이 어느 누구에겐가 영향을 줄 수 있으리라고는 생각조차 하지 못하였고, 또한 다른 사람들이 볼 때에도 도무지 본보기가 될 수 없는 그런 사람이었다.

그 사람은 바로 크리스토프의 외삼촌인 고트프리트였다. 고트프리트는 루이자와 마찬가지로 몸집이 작았으며, 허약한 체질에 바싹 마르고 등이 굽어 있었다. 아직 마흔 살이 넘지 않은 것이 분명했으나, 얼핏 보기에는 쉰 살은 되어 보였다.

고트프리트는 어느 장소에서든지 모자를 쓰고 있었는데, 모자를 벗으면 불그레한 대머리가 나타났다.

크리스토프는 그것을 무척 재미있어 하였다. 그는 끊임없이 고트프리트를 놀려 대며 머리카락은 어디다 두었느냐고 물어 보거나, 대머리를 두들겨 주겠다고 위협하기도 하였다. 고트프리트는 선량해 보이는 푸른 눈에 미소를 머금고, 크리스토프가 하는 대로 내버려 두었다.

고트프리트는 가난한 행상인으로 큼직한 짐을 짊어지고 이 마을 저 마을을 돌아다녔다. 그 짐 속에는 식료품, 종이류, 사탕과자, 손수건, 신발, 통조림, 달력, 약품 등 온갖 잡동사니가 다 들어 있었다.

가족들이 고트프리트를 정착시키려고 작은 잡화점을 차려 주기도 했으나, 그는 열쇠를 문턱에 놓은 채 짐을 지고 훌쩍 떠나 버렸다. 고트프리트는 한 곳에 정착하지 못하였다. 그렇게 사라졌던 그가 몇 달 동안 소식이 없다가 갑자기 모습을 나타낸 것이었다.

어느 날 저녁, 그는 떠날 때와 마찬가지로 살그머니 집으로 돌아왔다. 고트프리트는 집 안에 들어서기 전에 꼼꼼히 신발을 닦으면서,

"안녕하십니까, 여러분?"

하고 정중하게 인사를 하였다. 그리고는 방 안의 구석 자리에 구부정한 모습으로 앉아서, 자신을 향한 야유가 지나가기를 조용히 기다렸다.

미셸 노인과 멜키올은 비난의 감정을 노골적으로 나타내었다. 그러나

고트프리트는 그것을 깨닫지 못한 듯, 오히려 그들에게 경의를 표하였다. 이 점이 미셸 노인과 멜키올의 감정을 조금이나마 누그러뜨릴 수 있게 하였다. 미셸 노인과 멜키올은 루이자가 얼굴을 붉힐 정도로, 고트프리트에게 무례한 농담을 퍼부었다.

루이자는 크라프트 집안이 명문임을 인정하고 있었기 때문에, 미셸 노인이나 멜키올의 말이 부당하다고는 생각하지 않았다. 그렇지만 고트프리트에 대해서는 극진한 애정을 품고 있었다. 고트프리트 역시, 루이자에 대하여 말없는 애정을 가지고 있었다. 고트프리트는 루이자의 유일한 친정 가족이었다.

자부심 강한 크라프트 집안 사람들 틈에 섞여 살아가는 이 연약하고 선량한 남매는 결코 입 밖에 낸 일은 없었지만, 서로를 아끼며 불쌍하게 여기고 있었다.

크리스토프 역시 어린아이에게 있기 쉬운 경솔한 잔인성으로 고트프리트를 업신여기고 있었다. 크리스토프는 어떤 우스꽝스러운 물건이라도 다루듯 고트프리트를 상대하며 재미있어 하였지만, 고트프리트는 그것을 침착하게 참아 냈다.

그러면서도 내심 크리스토프는 고트프리트를 좋아하고 있었다. 처음에는 자신의 뜻대로 다룰 수 있는 장난감 같아서 좋아하였고, 또 사탕이나 그림, 새로 고안한 장난감 등을 선물로 주었기 때문에 좋아하고 있었다.

고트프리트는 가난하였으나, 가족들의 생일을 한 번도 잊은 적이 없었다. 생일날에는 어김없이 찾아와서 자신이 정성껏 고른 선물을 주머니에서 꺼내 주고는 하였다. 그런 그의 행동이 반복되자 이제는 아무도 고맙다는 인사조차 하지 않았다.

크리스토프는 이따금 낮에 있었던 일을 돌이켜 볼 때, 고트프리트가

매우 좋은 사람이라는 생각도 들고 고마운 마음도 생겼다. 그러나 낮이
되면 아예 그런 내색은 하지도 않고, 다시 고트프리트를 놀려 줄 생각
만 하였다.

어느 날 저녁, 식사를 끝낸 고트프리트는 집에서 몇 걸음 떨어진 강
가로 산책을 갔다. 크리스토프도 마침 심심했던 차라, 고트프리트를 따
라 강으로 갔다. 크리스토프는 여느 때와 마찬가지로 강아지처럼 재롱
을 부리면서 고트프리트를 괴롭힌 끝에, 숨이 차서 고트프리트의 발 밑
에서 뒹굴고 있었다. 그러면서도 크리스토프는 고트프리트를 놀려 줄
궁리를 하고 있었다.

마침내 좋은 생각이 떠오르자, 크리스토프는 얼굴을 땅에 묻은 채 큰
소리로 고트프리트를 불렀다. 그러나 고트프리트는 아무런 대답이 없었
다. 크리스토프는 깜짝 놀라 고트프리트를 돌아다 보았다. 고트프리트
의 얼굴은 저녁 안개 속으로 사라져 가는 쓸쓸한 황혼빛에 물들어 있었
다.

고뇌에 찬 그의 얼굴에는 뭐라고 말할 수 없는 근엄함이 서려 있었
다.

크리스토프는 두 팔로 턱을 괴고, 고트프리트를 관찰하기 시작하였
다. 그는 지금까지 크리스토프가 알고 있던 왜소한 사나이가 아니었다.
시간이 흘러 어느 새 별이 반짝이기 시작하였고, 강의 잔물결이 찰싹이
는 소리가 들려왔다. 크리스토프는 황홀경에 빠졌다.

그런데 별안간 어둠 속에서 고트프리트의 노랫소리가 들려왔다. 가슴
속에서 우러나오는 듯한 깊고도 그윽한 소리였다. 그러나 그 노래에는
사람을 충분히 감동시키고도 남을 만한 진실이 있었다. 그가 생각하는
모든 것이 그대로 노래가 되어 나오는 것 같았다.

크리스토프는 지금까지 한 번도 이런 노랫소리를 들어 본 적이 없었

다. 크리스토프는 제대로 숨도 쉬지 못할 정도였으며, 온몸은 얼어붙은 듯 굳어 있었다. 노래가 끝나자, 크리스토프는 고트프리트에게 물었다.

"외삼촌, 그게 무슨 노래지요?"

"나도 모른다. 그냥 불러 본 거야!"

"외삼촌의 노래인가요?"

"아니, 이게 어떻게 내 노래일 수가 있겠니! 아주 옛날 노래지."

"그럼, 다른 노래도 알고 있나요?"

"알고 있지."

"그렇다면 외삼촌, 다른 노래를 불러 주세요. 네?"

"왜 다른 노래를 불러야 하지? 하나로도 충분해. 자기가 부르고 싶을 때 부르면 되는 거야."

"하지만 음악을 만들 때는……."

"그건 음악이 아니란다."

"외삼촌은 노래를 만들어 본 일이 있나요?"

"노래라고? 어떻게 내가 그런 것을 만들 수 있겠니? 그건 만들어 낼 수 없는 거란다."

"하지만 외삼촌이 부른 노래도 옛날에 한 번은 만들어진 것이잖아요?"

그러자 고트프리트는 완강하게 머리를 저으면서 말하였다.

"그건 언제나 있어 왔던 거야."

"그럼, 새로운 노래는 만들 수 없나요?"

"무엇 때문에 만들어야 하지? 이미 수많은 노래들이 다 있는데. 네가 슬플 때 부를 수 있는 노래도 있고, 기쁠 때 부르는 노래도 있단다. 또 스스로를 경멸할 때 부르는 노래도 있고, 울고 싶을 때 부르는 노래도 있지. 그런데 무엇 때문에 새로운 노래를 만들겠니?"

"그건……. 훌륭한 사람이 되기 위해서지요."

미셸 노인의 말을 떠올리며, 천진스러운 몽상으로 가득 찬 크리스토프가 말했다.

"그런데 왜 웃으세요?"

"크리스토프, 너는 훌륭한 사람이 되고 싶은 거니?"

"네!"

크리스토프는 자신있게 대답하였다. 크리스토프는 고트프리트가 자신을 칭찬해 줄 것이라고 기대하고 있었다. 그러나 고트프리트는 이렇게 되물었다.

"그건 무엇 때문이지?"

크리스토프는 당황하였으나, 잠시 생각한 뒤에 이렇게 대답했다.

"훌륭한 노래를 만들기 위해서예요!"

"훌륭한 사람이 되기 위하여 노래를 만들고 싶고, 노래를 만들기 위하여 훌륭한 사람이 되고 싶다고? 그래서야 자신의 꼬리를 뒤쫓으며 뱅글뱅글 도는 개와 무엇이 다르겠니?"

크리스토프는 몹시 자존심이 상했다. 그런데도 고트프리트는 다시 말을 이었다.

"네가 여기서 코블렌츠까지 닿을 만큼 몸이 커져도, 너는 단 하나의 노래도 만들지 못할 거야."

"만약 만들려고 노력한다면요?"

"노래는 생각하면 할수록 만들기 어려운 거야. 노래를 만들려면 이렇게 해야 한단다. 자, 눈을 감고 잘 들어 보아라."

은빛 안개가 나직이 내려앉아 반짝거리는 물 위에 감돌고 있었다. 목장 안에서는 개구리들이 울고 있었고, 플루트 소리 같은 두꺼비 울음소리가 들려왔다. 바람은 나뭇가지를 살랑살랑 흔들어 주고 있었고, 강

위의 언덕에서는 뼈꾸기의 가냘픈 노랫소리가 들려오고 있었다. 두 사람은 자연이 들려주는 연주회에 귀 기울이고 있었다. 오랜 침묵 끝에 고트프리트가 입을 열었다.

"네가 어떤 노래를 만들건, 저것들보다 뛰어날 수는 없지 않겠니?"

그 후, 크리스토프와 고트프리트는 자주 산책을 나갔다. 고트프리트가 좀처럼 노래를 들려주지 않자, 어느 날 크리스토프는 자신이 만든 곡 하나를 고트프리트에게 들려주어야겠다고 생각하였다.

이 곡을 만드는 데 꽤나 힘이 들었고, 그런 만큼 자랑스럽기도 했으므로, 고트프리트에게 자신이 얼마나 뛰어난 예술적 재능을 가지고 있는지 알려 주고 싶었다.

고트프리트는 조용히 그 곡을 듣고 있더니, 이윽고 딱하다는 듯 말하였다.

"참 시시하구나! 왜 그런 곡을 만들었지? 누가 억지로 만들라고 하지도 않았을 텐데 말이야."

크리스토프는 기분이 나빠서 대답하기도 싫었지만, 큰 소리로 항변하듯이 말하였다.

"하지만 할아버지는 훌륭하다고 칭찬하셨어요."

"그렇다면 할아버지 말씀이 옳으실 거야. 음악에 밝은 분이시니까. 그런데 나에게는 아주 시시하게 들리는구나."

"왜 시시하다는 거지요?"

"글쎄다……. 우선 그 곡은 바보 같으니까. 너는 왜 그렇게 무의미한 곡을 만들었지?"

"저는 아름다운 곡을 만들고 싶었어요."

"바로 그거야! 너는 단지 작곡을 위한 작곡을 한 거야. 훌륭한 음악가가 되기 위해서, 즉 남에게 칭찬을 받으려고 작곡을 한 거야. 너는 잘

난 척을 하고 싶었고, 그래서 벌을 받은 거야. 음악은 늘 겸손해야 하는 거란다."

그 후 며칠 동안 크리스토프는 고트프리트와 말도 하지 않았으나, 마음속으로는 고트프리트의 말이 옳다는 것을 느끼고 있었다.

그런데 그 즈음 갑자기 멜키올의 태도가 변하기 시작하였다. 미셸 노인이 크리스토프의 즉흥곡을 수집하는 일에 찬성하였을 뿐만 아니라, 며칠 밤이나 걸려 크리스토프가 작곡한 곡들을 악보에 옮겨 적었다.

크리스토프는 놀라지 않을 수 없었다. 거기다가 멜키올은 기특하다는 듯 크리스토프의 머리를 부드럽게 쓰다듬어 주거나, 엉덩이를 두드려 주기도 하였다. 크리스토프는 갑자기 친한 체하는 멜키올의 태도가 싫어졌다. 미셸 노인과 멜키올 사이에 무엇인가 비밀스러운 일이 벌어지고 있는 것이 분명하였다.

그러던 어느 날 밤, 크리스토프는 멜키올이 자신의 작품을 레오폴트 대공에게 바쳤다는 사실을 알고 무척 놀랐다. 멜키올은 레오폴트 대공이 이 헌납품을 받아들일 뜻이 있는 것 같으니, 즉시 그에게 공식 청원문을 올리고 연주회를 개최해야 한다고 의기양양하게 말하였다.

그리고는 미셸 노인과 함께 오랜 시간을 두고 의논을 계속하였다. 두 사람은 가족들 누구도 방해하지 못하도록 접근을 금지시키고, 사흘씩이나 흥분하며 무엇인가를 만들었다.

멜키올이 쓴 문장을 미셸 노인은 시라도 낭송하듯 큰 소리로 소리내어 읽었다. 멜키올은 적절한 문장이 떠오르지 않을 때면, 신경질을 내거나 탁자를 두들기기도 하였다. 그런 뒤에 크리스토프를 불러, 책상 앞에 앉아 펜을 잡으라고 하였다.

미셸 노인이 크리스토프에게 부르는 대로 받아 적으라고 하였다. 크리스토프는 힘들게 한 글자 한 글자 받아쓰면서도 그것이 무슨 뜻인지 전혀 알 수가 없었다. 한 마디 한 마디 받아쓰는 데도 몹시 힘이 들었다. 또 미셸 노인이 너무 강한 어조로 읽는 바람에, 목소리가 울려서 거의 알아들을 수가 없었다. 멜키올은 크리스토프의 귀에 대고 소리를 질렀다.

미셸 노인 역시 매우 흥분하여, 읽고 있는 문장의 뜻을 몸짓으로 표현해 가며 방 안을 이리저리 서성거렸다. 그러면서도 줄곧 크리스토프가 쓰고 있는 종이를 보기 위해 고개를 숙이곤 하였다.

긴장한 크리스토프는 펜대를 쥐기도 힘이 들어 비뚤비뚤하게 글씨를 쓰거나 쓴 것을 더럽히기도 하였다. 그러자 멜키올과 미셸 노인은 악을 써대며 호통을 쳤다. 그래서 몇 번이고 다시 고쳐 써야만 하였다.

마침내 완성되었다고 마음을 놓으려는 순간, 잉크 한 방울이 종이 위에 떨어져서 크리스토프는 두 귀를 꼬집혔다. 눈물이 쏟아지려고 했으나, 울 수도 없는 상황이었다. 이리하여 크리스토프는 처음부터 다시 쓰게 되었다.

크리스토프는 이 일이 평생 계속되지 않을까 두려웠으나, 마침내 그것은 완성되었다. 미셸 노인은 떨리는 음성으로 그것을 되풀이하여 읽었고, 멜키올 역시 의자 위에 몸을 젖히고 앉아서 그것을 감상하고 있었다.

거룩하며 존귀하신 대공 각하!
네 살 때부터 음악은 제 어린 날의 삶에 최고의 축복이 되기 시작하였습니다. 저의 영혼을 조화로 이끌어 주시는 고귀한 뮤즈 신과 사귀게 되자, 저는 곧 뮤즈 신을 사랑하게 되었습니다. 뮤즈 신 또한 저의 애정에 보답을 해 주셨다고 생각합니다.
이제 저는 여섯 살이 되었습니다. 그런데 근래에 들어 영감이 활발하게 작용할 때면, 뮤즈 신은 자주 저에게 이렇게 속삭여 주셨습니다.

"무릅써라! 굳이 무릅써라! 네 영혼의 조화를 적어 두어라!"

그러나 저는 어린 나이에 제가 어찌 작곡을 할 수 있겠으며, 훌륭한 예술가들이 과연 무어라고 할지 몰라 망설였습니다. 그러나 저의 뮤즈 신께서는 그것을 바라셨으므로, 끝내 저는 그 분부를 따랐습니다. 저는 작곡을 하였습니다.

그리하여 황공한 일입니다만, 각하의 옥좌단 위에 저의 서툰 솜씨로 만든 처녀작을 바치고자 합니다.

그러니 각하께서도 저의 뜻을 받아들여 주신다는 자애로운 시선을 저에게 내려주시기를 바랍니다.

지옥 같은 받아쓰기에서 해방된 크리스토프는 아무 말도 들리지 않았다. 크리스토프는 또다시 그 지겨운 문장을 받아 적으라고 할까 봐, 재빨리 들판으로 도망을 쳤다. 도대체 자신이 무엇을 썼는지 전혀 알지 못하였고, 또 그런 것에는 관심도 없었다. 그러나 미셸 노인과 멜키올은 그것을 더욱 잘 음미하려고 다시 한 번 읽어 보았다. 그리고 나서 두 사람은 문장이 걸작이라고 만족해하였다.

악보와 함께 이 편지를 받은 레오폴트 대공 또한 같은 의견이었다. 레오폴트 대공은 연주회를 허락하고, 멜키올에게 음악 학교 강당을 자유롭게 사용하도록 지시를 하였다. 그리고 연주회 당일에는 크리스토프에게 알현할 기회를 주겠다고 약속하였다.

멜키올은 되도록 빨리 연주회를 개최하려고 애를 썼다. 궁정 음악단에서도 협조를 받기로 약속을 받았다. 악보도 호화판으로 출판을 했는데, 그것을 인쇄하는 데에는 비용이 아주 많이 들어서, 미셸 노인은 조각 무늬가 있는 18세기의 낡은 장롱을 팔아야만 했다. 그것은 골동품상의 끈질긴 권유에도 불구하고, 결코 내놓으려 하지 않던 물건이었다. 그러나 멜키올은 악보의 예약 신청으로 그 경비는 충분히 나올 것이며, 이득도 볼 것이라고 확신하였다.

한 달 전부터 크리스토프는 피아노 연습을 하느라, 한시도 의자에서 떠나지 못하였다. 그러나 그는 반항하지 않았다. 뭔가 굉장한 일이 벌어지리라고 생각되었기 때문이었다. 크리스토프는 기대에 부푸는 한편 두렵기도 했다. 가족들은 모두 크리스토프를 극진히 위해 주었다. 식탁에서도 가장 맛있는 음식이 크리스토프에게 주어졌다.

마침내 명예로운 그 날이 왔다. 이발사가 아침 일찍 찾아와서, 크리스토프의 뻣뻣한 머리카락을 곱슬곱슬하게 만들어 주었다. 멜키올은 큼직한 꽃 한 송이를 가져와서 크리스토프의 윗도리에 꽂아 주었다. 온 가족들이 크리스토프 앞에 늘어서서 멋지다고 칭찬을 하였으나, 루이자만은 꼭 원숭이 같다고 말하면서 슬픈 표정을 지었다.

이 말에 상처를 받은 크리스토프는 본능적으로 굴욕감을 느끼게 되었다. 연주회에 나가자 그런 느낌은 한층 더 강렬해져서 그것은 그 날 하루 동안 크리스토프의 감정을 지배하였다.

드디어 연주회가 시작되려 하였다. 그 때까지도 레오폴트 대공이 도착하지 않자 미셸 노인과 멜키올은 애를 태웠다. 그래도 청중들을 더 이상 기다리게 할 수 없어서 그냥 연주회를 시작하였다.

궁정 음악단이 〈코리올란 서곡〉을 연주하기 시작하였다. 그러다가 갑자기 연주가 중단되더니, 국가가 연주되었다. 레오폴트 대공이 도착한 것이었다. 미셸 노인과 멜키올은 아주 기뻐하였다.

다시 연주된 서곡이 끝나자, 드디어 크리스토프의 차례가 되었다. 크리스토프가 앞으로 나가자, 호기심에 차 있던 청중들은 웅성거리기 시작하였다. 곳곳에서 나지막한 웃음소리가 들려왔다. 크리스토프를 더 잘 보려고 일어서는 사람도 있었다. 곧 장내는 웃음바다가 되었다.

크리스토프는 청중들의 시선과 자신에게 집중된 조명에 겁을 먹고, 바다 한가운데 떠 있는 조그만 섬처럼 보이는 피아노를 향해 되도록 빨리 걸어갔다.

긴장한 크리스토프는 인사하는 것도 잊어버리고는 곧바로 피아노 앞에 앉았다. 그는 입을 꼭 다물고, 침착하게 연주를 하기 시작하였다. 곡이 차츰 전개됨에 따라 크리스토프의 가슴속에서는 자랑스러움과 함께 만족감이 솟구쳐 올랐다.

연주가 끝나자 청중들은 열광하며 앙코르를 신청하였다. 크리스토프는 신이 나면서도, 왠지 강요하는 듯한 청중들의 함성에 불쾌감이 느껴졌다. 그러나 어쩔 수 없이 피아노 앞에 앉아서 다시 연주를 해야만 했다.

연주가 끝나자 청중들은 일제히 일어나서 기립 박수를 보내 주었다. 레오폴트 대공이 신호를 보낸 것이었다. 미셸 노인은 믿기지 않는 성공 앞에서 몸둘 바를 모르며 기뻐하고 있었다.

미셸 노인의 죽음

연주회가 끝나고, 크리스토프는 레오폴트 대공 앞으로 불려갔다.

"오, 기특하구나! 너는 제2의 모차르트야."

레오폴트 대공은 크리스토프의 머리를 쓰다듬어 주면서 매우 칭찬하였다. 그리고 나서 크리스토프는 레오폴트 대공의 부인과 공주, 수행한 귀빈들의 손을 차례로 잡으면서 악수를 하였다.

공주는 크리스토프에게 여러 가지 질문을 하였다. 그러자 옆에 있던 멜키올이 끼어들며, 아첨에 가득 찬 목소리로 대답하였다. 그러나 공주는 멜키올의 말에는 귀도 기울이지 않고, 크리스토프만 바라보았다. 크리스토프는 부끄러워서 금세 얼굴이 새빨개졌다.

얼마 동안 공주와 이야기를 나누고 있던 크리스토프는, 현관 옆 복도에 서 있는 미셸 노인을 발견하였다. 아무도 미셸 노인에게 말을 걸어 주지 않았으므로, 멀찍이 떨어져 있었던 것이다. 크리스토프는 그러한 미셸 노인이 가엾게 여겨져서, 공주의 귀에 대고 나직한 목소리로 속삭이듯 말하였다.

"비밀이 있어요, 공주님! 제가 연주한 미뉴에트 중에 있던 아름다운 삼중주는, 사실 저기 서 계시는 제 할아버지께서 만들어 주신 거예요. 하지만 할아버지는 그것을 다른 사람에게 말하면 안 된다고 말씀하셨어요. 그러니까 공주님께서도 비밀을 지켜 주셔야 해요. 아시겠지요?"

"오, 크리스토프! 그런 중대한 일을 어떻게 나 혼자만 알고 있겠니?"

공주는 그러면서 크리스토프가 한 이야기를 다른 사람들에게 말해 버렸다. 그러자 미셸 노인은 무척 당황해하였다.

크리스토프는 몹시 화가 났다. 아무에게도 말하지 말라고 했는데, 비밀을 지키지 않은 공주가 미웠다.

"궁정 악단의 피아니스트로 크리스토프를 임명하노라."

흥분한 크리스토프는 레오폴트 대공이 이렇게 말한 것도 제대로 듣지 못했다.

이윽고 크리스토프는 집으로 돌아왔다. 멜키올은 문을 닫자마자, 크리스토프에게 삼중주를 자기가 지은 것이 아니라고 말하다니 정말 바보 같다고 소리쳤다. 크리스토프는 자신이 꾸지람을 들을 이유가 없다고 생각했기 때문에 거친 말투로 항의하였다.

크리스토프는 뾰로통한 얼굴로 구석에 틀어박혀 멜키올과 공주를 멸시하고 있었다. 크리스토프는 모든 것이 못마땅했다. 이웃 사람들이 찾아와서 축하의 말을 늘어놓는 것도 싫었다.

조금 뒤에 궁정에서 레오폴트 대공이 보낸 하사품과, 공주가 보낸 과자 상자가 도착하였다. 크리스토프는 선물이 마음에 들었으나, 멜키올로부터 야단을 맞아 기분이 무척 나빴기 때문에 기쁜 내색을 보이지 않았다. 멜키올은 크리스토프를 대신하여, 레오폴트 대공에게 답례의 편지를 썼다.

존경하는 대공 각하!
전하의 작은 신하이며 음악가인…….

이 편지를 본 크리스토프는 하루 동안의 흥분 탓이었는지, 무척 자존심이 상해 끝내는 울음을 터뜨리고 말았다. 그런데다가 운이 나쁘게도 크리스토프가 몸부림을 치는 바람에, 레오폴트 대공의 하사품인 금시계가 떨어져서 그만 깨지고 말았다. 그러자 사람들의 비난이 크리스토프에게 쏟아졌다.

멜키올은 과자를 주지 않겠다고 소리쳤다. 그러자 크리스토프도 화가 나서 대들었다. 크리스토프는 종아리를 맞은 다음, 방으로 끌려가서 억지로 침대에 누워 있어야만 했다.

크리스토프는 자신의 연주회를 축하하기 위해 미리 준비해 두었던 음식을, 당사자인 자신만 빼놓고 먹고 마시는 소리를 듣고는 화가 나서 견딜 수가 없었다.

손님들이 모두 돌아가고 나서 얼마 지나지 않아, 미셀 노인이 크리스토프의 방으로 찾아왔다.

"오, 크리스토프!"

하고 말하며 크리스토프의 볼에 입을 맞추었다. 그리고 호주머니에 넣어 두었던 사탕과자를 꺼내어, 크리스토프의 손에 쥐어 주었다. 크리스토프는 할아버지가 너무나 고마웠지만, 피곤한 나머지 사탕과자를 손에 든 채 잠들고 말았다.

크리스토프는 꿈을 꾸었다. 요란한 음악이 크게 울려 퍼지는 곳에서 어디론가 도망을 치는 그런 꿈이었다.

이렇게 세월은 흘러 어느덧 크리스토프는 열한 살이 되었다. 크리스토프는 그 동안 피아노도 열심히 치고, 화음 공부도 하였으며, 바이올린도 부지런히 익혔다. 그래서 크리스토프는 궁정 악단의 제2바이올리니스트로 임명되었다. 이제 크리스토프는 자신의 힘으로 생활비를 벌 수 있게 된 것이었다.

이 무렵 크리스토프의 집안 살림은 더욱 어려워지고 있었다. 멜키올의 술버릇은 날이 갈수록 더 심해졌고, 미셸 노인은 나이가 많은 탓에 아무 일도 하지 못했다.

레오폴트 대공은 손님이 오거나 울적할 때면 언제든지 크리스토프를 궁정으로 불러들여 피아노를 치게 하거나, 바이올린을 연주하라고 시켰다. 그런 일은 거의 대부분 밤에 이루어졌는데, 그 때마다 크리스토프는 아무리 중요한 일이 있더라도 그 곳에 가야만 했다. 크리스토프는 휘황찬란하게 빛나는 궁정 객실의 피아노 앞에 앉아서 연주를 하였다.

크리스토프는 언제나 마음속으로 손님들을 바보라고 생각하고 있었다. 연주가 끝나면 늘 칭찬의 소리를 듣고, 손님 한 사람 한 사람에게 일일이 소개를 받는 것이 거의 공식처럼 되어 있었다. 그럴 때마다 크리스토프는 자신이 인격을 갖춘 음악인이 아니라, 동물원의 원숭이처럼 재주를 부리고 칭찬을 받는 그런 존재로 느껴졌다. 더구나 연주가 끝난 뒤, 레오폴트 대공이 쥐어 주는 돈을 받을 때에는 말할 수 없는 굴욕감이 느껴지곤 하였다.

크리스토프는 어느 날 집으로 돌아오는 길에, 레오폴트 대공으로부터 받은 돈을 모두 버리고 말았다. 그러나 곧 후회를 하고, 다시 돈을 주워야만 했다. 가게에 몇 개월 치의 외상값이 밀려 있었기 때문이었다.

그러나 이런 크리스토프의 마음을 가족들은 전혀 모르는 것 같았다. 오히려 가족들은 크리스토프가 레오폴트 대공의 총애를 받고 있다는 것에 대하여 무척 만족해하면서, 기뻐서 어쩔 줄을 모르는 눈치였다. 가족들은 크리스토프가 왜 항상 기분 나쁜 얼굴로 우울해하고 있는지 물어보지도 않았으며, 또 알려고도 하지 않았다.

멜키올의 무절제한 생활이 점점 더 심해지면서 집안 살림은 더욱 어려워졌다. 그래도 미셸 노인이 있는 동안은 어떻게든 꾸려 나갈 수가 있었다. 그나마 미셸 노인만이 멜키올에게 약간의 권위를 가지고 있었으므로, 멜키올이 완전한 타락의 길로 빠져드는 것을 막아 줄 수 있었기 때문이었다.

그러던 어느 여름날이었다.

크리스토프는 손에 책을 들고, 정원의 의자에 우두커니 앉아 생각에 잠겨 있었다. 그 때 미셸 노인은 정원에서 잡초를 뽑고 있었다. 그런데 갑자기 미셸 노인이 쓰러졌다. 크리스토프는 깜짝 놀라 고함을 질렀다.

"할아버지! 할아버지가 쓰러졌어요!"

크리스토프는 미셸 노인을 안아 일으키며 소리쳤다. 미셸 노인은 신음하듯 가느다란 목소리로 말하였다.

"이제 나는 죽는 것인가……?"

이렇게 힘겹게 말하더니 조금 뒤에 다시 입을 열어 말하였다.

"어머니!"

이 말이 크리스토프가 미셸 노인에게서 들을 수 있었던 마지막 말이 되고 말았다. 미셸 노인이 세상을 떠나자, 멜키올은 자신을 속박하고 있던 단 하나의 끈에서 해방된 기쁨으로 매일 밤마다 술에 취해 정신없이 돌아다녔다. 그러면서 집에는 동전 한 푼 갖다 주지 않았다.

어느 날 크리스토프가 집에 돌아와 보니 피아노가 보이지 않았다.

"어머니, 제 피아노 어디 있어요?"

그러자 루이자는 아무 대답도 없이 멜키올을 턱으로 가리켰다. 그 순간, 크리스토프는 이성을 잃은 듯 술에 취한 멜키올에게 달려들며 소리를 질렀다.

"아버지는 도둑이에요! 정말 나쁜 사람이에요!"

그러자 멜키올은 크리스토프를 번쩍 들어 올려, 벽난로를 향해 던져 버렸다. 벽난로에 머리를 부딪힌 크리스토프는, 다시 일어나서 멜키올에게 덤벼들었다. 멜키올도 크리스토프도 이미 제정신이 아니었다. 주먹질이 오가고 발길질이 계속되었다.

"그래, 나는 도둑이다! 너희들이 나를 얕보는 것은 당연해. 나 같은 놈은 죽어야 해!"

멜키올이 이렇게 자신을 꾸짖었지만, 크리스토프는 그 말이 귀에 제대로 들어오지 않았다.

"피아노는 어디에다 팔았어요?"

"저 앞 고물상에……."

"돈은 어디 있지요?"

"여기 있다."

멜키올이 주머니에서 돈을 꺼내자, 크리스토프는 그 돈을 빼앗듯이 받아들고는 고물상으로 달려갔다. 그 때 멜키올은 크리스토프를 따라 나오며 큰 소리로 외쳤다.

"크리스토프! 너는 내 아들이야. 제발 이 아비를 경멸하지 말아 다오. 제발……."

크리스토프는 이 말을 듣고 되돌아서서, 멜키올의 목을 끌어안으며 흐느껴 울었다. 멜키올도 소리내어 울었다.

뜻밖에 만난 소년

멜키올은 크리스토프의 등을 어루만지며 이렇게 맹세하였다.

"크리스토프, 앞으로는 절대로 술을 먹지 않겠다!"

"아버지, 정말이에요?"

"노력해 보겠다. 아마도 돈이 있으면 안 마시고는 못 견디게 될지도 모르지만……."

"아버지를 믿겠어요."

"고맙구나! 앞으로는 급료도 내가 받아오지 않고, 너에게 지불하도록 대공에게 요청하겠다."

"아버지, 그건 안 돼요. 아버지의 위신과 체면을 손상시킬 수는 없어요. 아버지의 급료는 아버지께서 받으시는 것이 좋겠어요."

"아니다! 나 자신에게 벌을 주기 위해서라도, 내 급료는 네가 대신 받아 오너라."

멜키올은 끝내 레오폴트 대공에게 앞으로 자신의 급료는 크리스토프에게 지불해 달라는 편지를 썼다. 그 때 마침 루이자가 들어와 이 이야기를 듣더니 이렇게 말하였다.

"안 돼요! 그건 너무 심해요. 차라리 그럴 바에는 구걸을 하는 편이 더 낫겠어요. 그 편지는 제가 보관하지요."

그러나 며칠 뒤에 멜키올은 다시 크리스토프를 때리고, 돈을 빼앗아

갔다. 그것을 본 루이자는 더 이상 참을 수가 없어서, 크리스토프에게 그 편지를 주면서 말하였다.

"크리스토프, 이 편지를 대공에게 전하고 오너라."

크리스토프는 잠시 망설였다. 그것은 여러 사람들에게 아버지가 나쁜 사람이라는 것을 공개하는 것과 마찬가지라는 생각이 들었기 때문이었다. 크리스토프는 궁정 가까이까지 갔다가 차마 들어가지 못하고, 시내를 몇 바퀴나 돌았다.

그러나 이것은 자신만의 문제가 아니라, 가족들 모두에게 관련된 아주 중대한 문제라는 것에 생각이 미치자, 더 주저하지 않고 궁정으로 들어갔다. 레오폴트 대공은 멜키올의 편지를 보고 나서, 크리스토프의 얼굴을 물끄러미 바라보더니 말하였다.

"크리스토프, 편지대로 하겠다."

궁정 밖으로 나온 크리스토프는 부끄러움으로 온몸이 오그라드는 것 같았다. 며칠 뒤에 멜키올은 이 사실을 알고는 미친 듯이 화를 내더니, 크리스토프의 애원도 뿌리치고 레오폴트 대공을 찾아갔다. 그러나 잠시 후에 매우 풀이 죽은 얼굴로 돌아왔다.

"크리스토프의 공적을 보아서 급료를 지불한 것이다. 만일 앞으로도 계속 불미스러운 소문이 들리면, 즉시 급료 전액의 지불을 중지하겠다."

멜키올은 레오폴트 대공으로부터 이런 말을 들은 것이었다. 멜키올은 그 후 급료를 자신의 손으로 받지 못하게 되자, 직무를 소홀히 하였으며, 결근하는 날도 많아졌다. 크리스토프가 간절하게 진정을 올렸음에도 불구하고, 멜키올은 끝내 해고를 당하고 말았다. 이제 크리스토프는 열네 살의 어린 나이로 집안 식구들을 부양해야 하는 가장이 되었다.

크리스토프는 남의 동정을 받지 않고 스스로의 힘으로 극복하리라 마음먹었다. 그러나 크리스토프가 받는 악단의 급료만으로는 생활하기가 어려웠다. 그래서 상류층의 자녀들을 상대로 개인 교습을 시작하였다. 게다가 밤 공연이 끝난 후에는 궁정으로 불려 가는 일도 많았다. 그러면 또다시 한 시간이고 두 시간이고 연주를 해야만 했다.

크리스토프는 밤 12시가 가까워서야 궁정에서 나올 수 있었다. 그 때마다 크리스토프는 기진맥진한 상태로 집으로 돌아왔다. 그리고 새벽 5시부터 8시까지의 유일한 자유 시간도, 궁정의 축하 연주를 위한 곡을 작곡하는 데 빼앗기는 일이 많아졌다.

하루에 두세 시간밖에는 자유 시간이 없었으므로, 그 시간이 크리스토프에게는 매우 소중한 때였다. 그 시간에는 마치 바위 속을 헤집고 흘러내리는 물줄기처럼 힘이 솟아올랐다. 시간에 쫓겨다니는 속박에서 벗어나, 자유에 대한 참다운 가치를 느낄 수 있는 시간이었다.

어느 일요일, 크리스토프는 도바스 악장으로부터 마을에서 한 시간쯤 떨어진 곳에 있는 그의 별장에서 오찬회가 열리니, 참석하라는 연락을 받았다. 그래서 크리스토프는 라인 강을 오르내리는 여객선에 올라탔다. 크리스토프는 어떤 소년과 나란히 앉게 되었다.

오랫동안 마을을 떠난 일이 없었던 크리스토프는 황홀감을 느끼며, 라인 강과 조화를 이루고 있는 아름다운 주변 환경에 눈을 돌렸다. 자신 옆에 사람이 앉아 있다는 것도 잊은 채 큰 소리로 환호성을 질렀다. 그러자 옆자리에 앉은 소년이 말을 건네면서 폐허가 된 성에 대해 말해 주었다.

크리스토프는 흥미를 느끼고, 그에게 여러 가지를 물어 보았다. 그러자 소년은 자신의 이야기를 진지하게 들어주는 것이 기뻤는지, 자세히 대답해 주었다. 그러면서도 계속 크리스토프를 훌륭한 음악가라고 불러 주었다.

"그럼, 너는 나를 알고 있었니?"

크리스토프가 물었다.

"그럼, 알고 있었지!"

장밋빛의 포동포동한 뺨과 금발 머리를 단정하게 빗어 넘긴 이 소년의 이름은 오토 디너였다.

오토는 마을에 있는 큰 장사꾼의 아들이었다. 크리스토프와 오토의 사이는 점점 더 가까워졌다. 그러는 동안에 여객선은 어느덧 크리스토프의 목적지에 닿았다. 오토도 그 곳에서 내렸다.

크리스토프는 오토와의 우연한 만남이 매우 특별하게 느껴졌다. 그래서 용기를 내어 오토에게 점심 시간이 될 때까지 함께 산책하지 않겠느냐고 물었다. 오토는 밝게 웃으며 그것을 승낙하였다. 크리스토프는 오토가 마치 오래된 친구나 되는 것처럼 친밀감이 느껴져서, 자신도 모르게 장래의 여러 가지 계획에 대하여 털어놓았다.

크리스토프는 이제까지 자신과 비슷한 나이 또래의 친구들과 사귀어 본 적이 없었으므로, 교육도 받았고 집안도 좋으며 자신에게 관심을 보여 주는 오토와 알게 된 것이 매우 기뻤다. 그래서 크리스토프는 도바스 악장의 별장에서 열리는 오찬회에 가는 것도 포기하고, 오토와 함께 음식점으로 들어갔다.

오토가 자신의 이야기를 하기 시작했다.

"우리 집안 사람들은 나를 이해하지 못해. 나에게 아버지의 대를 이어 상인이 되라고 하지. 하지만 나는 소설가나 시인이 되고 싶어."

크리스토프는 오토의 꿈을 칭찬해 주었고, 오토는 크리스토프의 음악성에 대하여 찬사를 보냈다. 크리스토프는 오토의 우아한 인품과, 다양한 지식에 감탄하였다. 그런 지식이 크리스토프에게는 전혀 없었으며, 또 평소에 몹시 갈망하고 있었던 것이었기 때문에, 크리스토프는 오토에게 흠뻑 빠져들고 말았다.

오후 시간도 금세 지나가 버렸다. 이제 크리스토프와 오토는 헤어져야만 했다. 오토가 음식값을 내려고 하자, 크리스토프는 얼른 한 달분의 급료를 음식값으로 지불하였다. 크리스토프는 오토와 손을 잡고 언덕을 내려왔다. 크리스토프는 감격한 표정으로 말하였다.

"오토, 우리 친구가 되자!"

"그래, 나도 좋아!"

크리스토프와 오토는 다시 한 번 서로의 손을 힘껏 잡았다. 여객선에 올라탄 뒤, 크리스토프와 오토는 별로 이야기를 하지 않은 채 조용히 앉아 있었다. 그럴 필요가 없을 만큼 서로를 가깝게 느끼고 있었다.

여객선에서 내릴 때가 되자, 크리스토프가 말하였다.

"오토, 우리 다음 주 일요일에 다시 만나자."

크리스토프는 오토를 집까지 바래다 주고, 다소 흥분된 얼굴로 집으로 향했다.

"나에게도 친구가 생겼다. 한 사람의 친구가 생겼다!"

크리스토프는 모든 일이 꿈처럼 생각되었다. 음악을 가르치는 동안에도, 연주회 연습을 하는 동안에도 그의 머릿속은 온통 오토의 생각으로 가득했다.

크리스토프는 서둘러 오토와 만나기로 한 장소로 나갔다. 오토도 정확하게 약속한 시간에 나왔다.

크리스토프와 오토는 반갑게 인사를 나눈 뒤, 사람들이 소풍을 잘 가는 곳으로 갔다. 그리고는 하루 종일 전원을 쏘다녔다. 그러나 별다른 이야기는 하지 않았다. 크리스토프는 마음속에 가득 품고 있던 생각을, 오토에게 자연스럽게 이야기할 수 없다는 것이 이상하게 느껴졌다.

크리스토프와 오토는 화젯거리를 찾기 위해 여간 애를 쓰지 않았다.

아무것도 나눌 이야기가 없다는 것을 상대편이 알게 될까 봐, 서로 두려워하고 있었다. 그러나 각자 다른 환경의 이야기를 하다 보니, 서로를 따분하게 만들었다. 드디어 한 시간 후면 집에 돌아가리라는 생각을 하니, 비로소 안도감이 느껴졌다. 그 때 숲 속 저편에서 개가 짖었다.

"개가 사냥을 하는구나. 우리, 숨어서 지켜볼까?"

크리스토프가 말하였다.

"그래, 좋아!"

크리스토프와 오토는 재빨리 몸을 숨겼다. 개에게 쫓기던 토끼 한 마리가 숲 속에서 나타났다. 크리스토프와 오토는 토끼가 나타나자, 너무 기뻐서 소리를 질렀다. 그러자 토끼는 깜짝 놀라서 달아나고 말았다.

크리스토프는 오토에게 익살스러운 모습으로 토끼의 흉내를 냈다. 두 사람은 달렸다. 오토가 토끼가 되고, 크리스토프는 개가 되어 쫓기고 쫓는 놀이를 하였다. 울타리도 빠져 나가고 숲 속도 뛰어다녔다. 보리밭 가운데로 뛰어들었다가 농부에게 야단을 맞기도 하였다. 그래도 좋아라 소리를 지르며 산비탈을 뒹굴며 놀았다.

그 뒤로 크리스토프와 오토는 매주 일요일마다 만났다. 두 사람은 정반대의 성격임에도 불구하고, 서로를 위한 일이라면 어떤 일이라도 감수하고 희생할 만한 각오가 되어 있었다.

그러던 어느 날, 크리스토프는 개인 교습을 마치고 돌아오다가, 길 저쪽에서 오토가 다른 소년과 다정스럽게 웃으며 이야기하는 것을 보고 질투심을 느꼈다. 일요일이 되어 오토를 만났을 때, 크리스토프는 오토에게 말하였다.

"지난 수요일에 네가 크로이츠 거리에서 다른 아이와 이야기하는 것을 보았어."

"아, 내 사촌동생이야."

"자주 만나니?"

"우리 집에 자주 와."

"너희들은 마음이 통하니?"

"응, 그래! 그 아이는 머리도 좋고 품위도 있지."

오토는 사촌동생이 장난꾸러기여서 별로 좋아하지 않았지만, 크리스토프의 마음을 떠보려고 일부러 거짓말을 하였다. 그러자 크리스토프는 거칠게 오토의 두 손을 잡더니, 단숨에 자신의 마음을 털어놓았다.

"오토, 나는 네가 사촌동생과 친하게 지내는 것을 원하지 않아. 나는 누구에게도 너를 빼앗기고 싶지 않아. 나 아닌 다른 사람과 가까이 지낸다는 것은 용서할 수 없어."

이 말에 오토는 감명을 받고, 앞으로는 절대로 다른 아이와 만나지 않겠다고 약속하였다. 이처럼 크리스토프와 오토의 마음속에는 서로에 대한 애정이 가득 차 있었으며, 그 애정은 마치 샘처럼 사방으로 넘쳐 흐르고 있었다. 그러나 그것이 자신들의 청춘이 눈을 뜨고 있는 징조라는 사실을 모르고 있었다.

그런데 크리스토프는 얼마 전부터 동생들이 자신을 보며, 무슨 말인가를 주고받고는 우스워서 못 견디겠다는 듯한 표정을 짓는 것을 자주 보았다. 크리스토프가 그 이유를 물어 보자, 뜻밖에도 크리스토프로서는 생각지도 못했던 아주 모호한 말들로 비난을 하였다.

크리스토프는 이 말을 듣고 충격을 받아 아무것도 할 수가 없었다. 오토와의 순수한 애정이 남들에게 이상하게 보여졌다는 생각을 하자, 자신이 마치 죄인처럼 느껴졌다.

그 이후로도 크리스토프와 오토와의 만남은 계속되었지만, 예전처럼 스스럼없이 이야기를 주고받을 수는 없었다. 그러자 말할 것도 없이 만나는 횟수도 차츰 줄어들었다.

귀부인의 초청장

얼마 후, 오토는 대학에 들어가기 위하여 마을을 떠났다. 이리하여 크리스토프가 처음으로 마음을 연 친구와의 우정은 이렇게 끝이 나고 말았다.

그 무렵, 추밀 고문관의 미망인인 요제피아 폰 케리히는 베를린을 떠나 딸과 함께 고향인 이 작은 마을로 돌아왔다. 케리히 부인은 마을에 낡은 저택을 갖고 있었다.

이 저택에는 공원처럼 넓은 정원이 있었는데, 정원은 언덕 위에서 라인 강 기슭까지 뻗어 있었기 때문에 크리스토프의 집에서 그리 멀지 않았다. 그리고, 큰 정원의 오른쪽 둘레를 따라 거의 인적이 드문 언덕길이 나 있었다.

크리스토프는 그 언덕길에 세워진 푯돌 위에 올라가서, 담 너머로 그 정원을 바라보기를 좋아하였다. 정원 둘레에는 계절따라 예쁜 꽃들이 아름답게 피었으며, 향기도 매우 향긋하였다. 크리스토프는 궁정에서 돌아올 때마다, 그 정원에서 풍겨 나오는 산뜻한 꽃 향기를 맡고는 하였다.

"케리히 부인이 딸과 함께 돌아왔더군."

다음 날 크리스토프는 집으로 돌아오는 길에 호기심이 발동하여, 푯돌 위에 올라서서 몰래 저택 안을 살펴보았다. 정원은 저녁 햇빛을 받아 조용히 잠들어 있는 것만 같았다. 크리스토프는 그 고요한 정원의 분위기에 빠져들면서, 모든 것을 잊고 말았다.

크리스토프는 자연 속에서 들리는 갖가지 음악 소리를 들으면서 그만 잠이 들었다.

얼마 동안 꿈 같은 시간이 흐른 후 크리스토프가 눈을 떴을 때, 놀랍

게도 가로수 옆에 두 여자가 서서 크리스토프를 바라보고 있었다. 한 명은 검은 상복을 입은 귀부인이었고, 다른 한 명은 열다섯 살쯤 되어 보이는 소녀였다.

두 여자의 얼굴에는 웃음을 참느라 애쓰는 표정이 역력하였다. 크리스토프는 갑자기 나타난 이 두 여자를 보고, 깜짝 놀라 꼼짝도 못하고 있었다. 그러자 귀부인이 놀리는 듯한 미소를 지으며, 크리스토프가 있는 쪽으로 가까이 다가왔다.

크리스토프는 그제서야 비로소 몸을 움직였으나, 그만 당황하여 굴러 떨어지고 말았다. 크리스토프는 너무 부끄러워 벌떡 일어나, 재빨리 그곳을 도망쳤다.

그런 일이 있은 지 한 달쯤 지났을 때, 궁정 악단이 개최하는 정기 연주회에서 크리스토프는 자신이 직접 작곡한 협주곡을 연주하였다. 연주가 거의 끝나갈 무렵, 크리스토프는 우연히 정면 관람석에서 자신을 바라보고 있는 케리히 부인과 그녀의 딸을 발견하였다. 깜짝 놀란 크리스토프는 당황하여, 하마터면 실수를 할 뻔하였다.

다행히 연주회는 성공적으로 끝났다. 그러자 케리히 부인과 딸은 마치 자신들을 봐 달라는 듯이 약간 과장된 동작으로 박수를 쳤다. 크리스토프는 서둘러 무대를 떠났다. 그리고 나서 며칠이 지났을 때, 케리히 가의 하인이 크리스토프에게 초청장을 가지고 왔다.

"크리스토프, 케리히 부인께서 너를 찾으신다고 하는구나!"

루이자가 말하였다.

"저를 찾으신다고요? 그럴 까닭이 없을 텐데요. 저는 가지 않겠습니다."

"그러면 안 되는 거야, 크리스토프. 초청에 응하는 것이 예의란다."

크리스토프는 하는 수 없이 하인을 따라, 케리히 부인의 저택을 방문

하였다. 케리히 부인은 크리스토프에게,

"크리스토프, 멋진 곡을 한 곡만 연주해 주세요."

하고 부탁하였다.

"네!"

크리스토프는 부끄러워서 기어들어가는 목소리로 대답하고는, 모차르트 곡을 연주하기 시작했다. 케리히 부인과 딸 민나는 크리스토프가 연주하는 곡에 무척 매료되는 듯하였다. 크리스토프는 용기를 얻어 더욱 능숙하게 피아노를 쳤다. 그리고 마지막으로 민나에게 수줍은 미소를 지으며,

"이 곡은 담 밖에서 정원을 바라보며 만든 곡입니다."

라고 말하고 아주 천천히, 그리고 감미롭게 곡을 연주하기 시작하였다. 그 곡에서는 저물어 가는 저녁 햇살이 느껴지고, 산새들의 지저귐이 느껴졌다. 케리히 부인과 민나는 완전히 황홀한 기분에 빠져 있었다. 크리스토프가 연주를 모두 마쳤을 때, 케리히 부인은 크리스토프의 손을 잡으며 말하였다.

"오, 정말 훌륭해요. 크리스토프!"

그러자 민나도 덩달아 손뼉을 치며 외쳤다.

"너무나 멋져요!"

그리고는 다시 이렇게 말하였다.

"어머니! 더 좋은 곡을 만들 수 있도록 담장에 사다리를 놓아 주세요. 그러면 자유롭게 작업을 할 수 있을 거예요."

그러자 케리히 부인은 민나의 이런 어리석은 말은 귀담아 듣지 말라고 하면서 크리스토프에게 말하였다.

"정원이 마음에 들면 언제든지 들어와요. 일일이 인사할 것도 없으니 들어와서 좋은 곡을 만드세요."

"고맙습니다, 부인!"

"그리고 내일부터 우리 민나에게 피아노를 가르쳐 주겠어요?"

"네, 그렇게 하겠어요."

크리스토프는 집으로 돌아오면서 초대에 응하기를 잘 했다고 생각하였다.

다음 날, 크리스토프는 약속대로 민나에게 피아노를 가르쳐 주기 위해, 케리히 부인의 저택으로 갔다.

그 후로 크리스토프는 일주일에 두 번씩 오전 중에 케리히 부인의 저택을 방문하였다. 그 시간 이외에도 그는 자주 케리히 부인의 초청을 받게 되었다. 그리하여 이제 크리스토프는, 케리히 부인과 민나를 부담 없이 편안한 마음으로 대할 수 있게 되었다.

케리히 부인은 들소처럼 사나운 기질이 많은 크리스토프에게 예의 범절과 취미, 사교계에서 쓰는 말씨 등을 기회가 있을 때마다 친절하게 가르쳐 주었다. 케리히 부인은 크리스토프를 마치 자신의 아들처럼 보살펴 주었다. 어느 때는 크리스토프에게 옷도 만들어 주고, 목도리를 선물하기도 했다.

크리스토프는 케리히 부인이 특별히 자신에게만 그런 친절을 베풀어 주는 것이라 믿고, 기뻐하면서 케리히 부인을 따랐다.

그러나 언제부터인지 민나는 연주곡을 들으며 감탄하던 부드러운 태도를 버리고, 쌀쌀하고 냉정한 태도를 보였다. 그래서 크리스토프도 민나에게 냉정한 태도로 피아노를 가르쳤다.

민나는 여러 가지로 짓궂은 장난을 하여, 크리스토프를 괴롭히거나 기분을 상하게 하였다.

어느 날, 민나는 일부러 괴로운 듯이 기침을 계속하더니, 손수건을 슬쩍 떨어뜨리고는 크리스토프에게 집어 달라고 하였다.

크리스토프가 땅에 떨어진 손수건을 집어 주자, 민나는 거만한 태도로 마치 하인을 대하듯,

"고마워요!"

라고 한 마디만 하였다. 그 때 하마터면 크리스토프의 노여움이 폭발할 뻔하였다. 민나는 이런 장난을 재미있다는 듯이 반복하였다. 이튿날 민나가 또,

"저, 손수건을 좀 집어 주시겠어요?"

라고 말하였을 때, 크리스토프는 더 이상 화를 참을 수가 없었다.

그래서 크리스토프는 이렇게 소리쳤다.

"나는 당신의 하인이 아니오. 당신이 직접 주워요."

그러자 민나는 의자에서 벌떡 일어나며 통명스럽게 쏘아붙였다.

"당신, 너무 심하지 않아요?"

그리고는 화가 나서 참을 수 없다는 듯이, 피아노 건반을 쾅쾅 두드리고 나가 버렸다.

다음 날 크리스토프는 민나가 피아노 교습을 거부할지도 모른다는 생각이 들었으나, 그래도 그 댁을 찾아갔다. 민나는 자존심이 상했지만, 피아노에 관한 한 크리스토프를 따를 사람이 거의 없다는 것을 알고 있었기 때문에, 어쩔 수 없이 피아노 교습을 받았다.

짙은 안개가 낀 3월의 어느 날, 민나는 언제나 그랬던 것처럼 자신이 피아노를 잘못 치고도 악보대로 쳤다고 우기고 있었다. 크리스토프는 민나가 또 거짓말을 하고 있다는 것을 잘 알고 있었지만, 그래도 악보를 확인하기 위하여 몸을 굽혔다. 그러자 민나는 악보 위에 손을 얹고, 치우려고도 하지 않았다.

크리스토프의 입이 민나의 손 가까이에 있었다. 크리스토프는 꽃잎처럼 화사하고 투명한 민나의 손을 보고 있었기 때문에, 악보를 제대로

볼 수가 없었다.

크리스토프는 자신도 모르는 사이에, 별안간 민나의 손에 자신의 입술을 갖다 대었다.

순간 크리스토프와 민나는 소스라치게 놀랐다. 크리스토프는 재빨리 뒤로 물러섰고, 민나는 손을 오므렸다. 두 사람의 얼굴은 홍당무처럼 빨개졌다. 숨이 막힐 것 같은 긴장된 시간이 흐른 뒤, 민나는 다시 피아노를 치기 시작하였다.

피아노 교습이 끝났을 때, 크리스토프는 민나의 얼굴을 쳐다보지도 못하고 방을 나왔다. 그날 밤, 크리스토프와 민나는 도저히 잠을 이룰 수가 없었다.

얼마 후 크리스토프와 민나가 다시 만났을 때, 크리스토프는 민나의 태도가 너무 달라진 것을 보고 깜짝 놀랐다. 민나는 정숙한 태도로 인사를 하더니, 피아노 앞에 가서 사뿐히 앉았다. 마치 얌전한 천사 같았다. 그리고는 크리스토프가 시키는 대로 열심히 따라 하였다.

짧은 시간에 민나의 솜씨는 놀랄 만큼 향상되었다. 어느 새 민나는 음악 자체를 사랑하게 된 것이다. 그러자 칭찬에 인색하였던 크리스토프도 민나를 칭찬하지 않을 수 없었다.

"고마워요, 크리스토프!"

민나는 눈물을 글썽이며 크리스토프에게 정중한 태도로, 감사의 말을 하였다. 전혀 뜻하지 않은 이 새로운 변화에, 크리스토프는 당황하고 있었다.

어느 날 저녁, 크리스토프와 민나는 단둘이서 이야기를 나누고 있었다.

"사람은 누구나 자기만을 위해 살고 있는 것 같아요. 남의 일 따위는 생각지도 않고, 사랑도 하지 않고요."

잠시 침묵이 흘렀다.

"그럼, 나는?"

크리스토프가 약간 긴장된 얼굴로 물었다. 그 때 방 문이 열리면서 케리히 부인이 들어왔다. 크리스토프는 책을 읽는 체하였지만, 책을 거꾸로 들고 있었고, 바느질감을 들고 있던 민나는 바늘에 손가락을 찔렸다. 그 후로 크리스토프와 민나는 단둘만의 시간을 갖는 것이 어려워졌다.

그러던 어느 날이었다. 그 날은 오전 내내 비가 내렸다. 그러다가 오후 4시쯤 되자 하늘이 맑게 개었다. 피아노 교습을 끝내고 따분하게 앉아 있던 크리스토프와 민나는 밖으로 나갔다. 빗방울들이 풀잎 위에서 반짝이고 있었다.

크리스토프와 민나는 비에 젖은 의자에 앉았다. 그 순간 놀랍게도 민나가 크리스토프의 목을 감싸며 사랑을 고백하였다. 이미 두 사람은 부드럽고 깊은 애정에 젖어 있었다.

그렇게도 오만한 야생마 크리스토프와, 냉담하고도 자존심 강한 민나가 이제는 서로에게 없어서는 안 될 사이가 되었으며, 서로를 위하여 모든 것을 바치고 싶다는 욕구에 사로잡혔다. 크리스토프와 민나는 서로의 장래에 대하여 진지하게 이야기를 나누었다.

멜키올의 죽음

마침내 크리스토프와 민나의 사랑을 케리히 부인이 눈치챘다. 그러면서도 케리히 부인은 눈치채지 못한 체하며, 민나 앞에서 일부러 크리스토프를 조롱하는 투로 말을 건넸으며, 우스꽝스러운 모습을 하나하나 지적하였다. 그러다가 민나가 흥분하여 말대답이라도 하려고 하면, 케

리히 부인은 재빨리 말머리를 다른 곳으로 돌렸다.

케리히 부인의 말은 민나의 마음에 깊은 상처를 주었다. 그러한 일 때문에 크리스토프를 대하는 민나의 태도도 전처럼 부드럽지는 않았다. 크리스토프가 큰 소리로 웃으면 웃음소리가 너무 크다며 혹독하게 비난 하였고, 크리스토프의 말씨나 옷차림 등에 대해서도 퉁명스럽게 충고를 하였다. 그러나 크리스토프는 민나의 마음에 어떤 변화가 일어나고 있 는지 의식할 만한 여유가 없었다.

부활절이 다가오고 있었으므로, 민나는 케리히 부인과 함께 바이마르 의 친척집에 잠시 가게 되었다. 출발하기 일주일 전, 크리스토프와 민나 는 다시 처음과 같이 다정한 사이가 되었다. 민나는 크리스토프에게 무 척 상냥한 태도를 보였다. 출발하기 전날, 크리스토프와 민나는 산책을 하면서 영원한 사랑을 맹세하고, 매일 편지를 쓰기로 약속하였다.

드디어 민나는 케리히 부인과 여행을 떠났다. 크리스토프는 난생 처음으로 사랑하는 사람과 헤어져 있어야 하는 고통을 맛보았다. 그 고통은 다른 어떤 것과도 비교할 수 없는 그런 고통이었다.

이런 고통의 시간을 보내고 있던 어느 날, 우체부가 한 통의 편지를 전해 주었다. 크리스토프는 뜯어 보지 않고도, 그 편지가 그렇게도 기다리던 민나의 편지라는 것을 알았다.

크리스토프는 두근거리는 가슴을 진정시키고 간신히 편지를 뜯어 보았다. 편지지 위에는 애정이 가득 담긴 민나의 글씨가 가득 채워져 있었다.

보고 싶은 크리스토프!

나는 당신이 보고 싶어서 울고 또 울었어요. 밤마다 별을 쳐다보며 당신을 생각해요.

나는 지금 프랑크푸르트에 와 있어요. 프랑크푸르트는 큰 도시이기 때문에 훌륭한 상점들이 많지만, 당신만 생각하고 있어서인지 아무것도 눈에 들어오지 않아요.

크리스토프, 저를 위해서 부지런히 음악 공부를 해 주겠어요?

민나의 편지를 본 크리스토프는 기쁨으로 어떻게 해야 할지 몰랐다. 그러다가 마음이 약간 진정되자, 민나를 위한 곡을 만들어야겠다고 결심하였다. 그리고 나서 크리스토프는 일주일 동안 꼬박 자신의 방에 틀어박혀서, 그 밖의 일은 아무것도 하지 않고 오로지 이 일에만 전념하였다.

크리스토프는 곡을 만드는 동안, 민나가 곁에 없다는 생각을 하지 못했다. 크리스토프는 민나와 더불어 살고 있었다. 그러나 일을 끝내자,

처음보다 더 깊은 고독감에 빠지고 말았다.

'일주일 전에 보낸 편지의 답장이 왜 오지 않을까?'

크리스토프는 궁금한 마음으로 민나에게 다시 편지를 썼다. 그리고 답장이 오기만을 손꼽아 기다렸다. 그러나 답장은 끝내 오지 않았다.

'혹시 민나가 병에 걸린 것은 아닐까?'

크리스토프는 다시 세 번째 편지를 보냈다. 세 번째 편지를 보낸 지 나흘 후에, 드디어 민나에게서 답장이 왔다. 크리스토프는 떨리는 가슴으로 급히 편지를 뜯어 보았다.

나는 잘 있어요.

당신이 왜 그렇게 어리석은 걱정을 하는지 이해가 안 되는군요.

너무 바빠서 편지를 쓸 시간도 없어요.

그리고 앞으로는 편지를 보내지 말아 주세요.

크리스토프는 이 냉정하고 짤막한 민나의 편지를 보고, 너무나 실망하였다. 그래도 크리스토프는 민나의 마음은 전혀 의심하지 않고, 자신만을 책망하였다. 크리스토프는 그 후로 계속 우울하고 짜증스러운 나날을 보냈다. 더구나 민나가 편지를 보내지 말라고 하였기 때문에, 민나가 돌아올 때까지 그저 기다리는 수밖에 없었다.

민나가 돌아오기로 한 날짜는 이미 지나 있었다. 크리스토프는 무척 초조해졌다.

그러던 어느 날 밤, 미셸 노인의 친구이며 이웃집에 살고 있던 피셸이 크리스토프의 집으로 놀러 와서는, 내일 케리히 가에 커튼을 달아 주어야 한다고 말하였다. 이 말을 듣고 크리스토프는 깜짝 놀라 떨리는 목소리로 물었다.

"케리히 부인이 돌아오셨습니까?"

"크리스토프, 시치미 떼지 말아라! 네가 더 잘 알고 있지 않느냐? 그 저께 돌아왔는데……."

크리스토프는 더 이상 아무 말도 듣지 못했다. 그 길로 크리스토프는 무작정 케리히 부인의 저택으로 달려갔다. 케리히 부인과 민나는 응접 실에 앉아 있었는데, 크리스토프가 찾아온 것을 보고도 별로 놀라지 않 았다. 민나는 무엇인가 쓰고 있다가, 크리스토프에게 건성으로 그 동안 의 안부를 묻고는 쓰기를 계속하였다. 그리고는 잠시 후, 자신의 결례를 사과하고, 크리스토프의 말에 귀를 기울이는 척하였다.

크리스토프는 그 동안 자신이 얼마나 두 사람을 그리워했는지 말하고 싶었지만, 아무도 자신의 말에 귀를 기울이지 않는 것 같아 용기가 나 지 않았다.

민나는 여행 이야기를 하기 시작하였다. 승마, 별장에서의 즐거웠던 생활, 사교계의 파티 이야기 등 크리스토프가 모르는 사건들과, 사람들 에 대한 이야기를 일부러 자랑하듯 늘어놓았다. 케리히 부인과 민나는 그런 일들을 회상하며 즐겁게 웃었다.

크리스토프는 민나의 얼굴에 시선을 고정시킨 채, 민나가 단 한 번만 이라도 다정한 눈길을 보내 주기를 기다리고 있었다. 그러나 민나는 한 번도 크리스토프에게 눈길을 주지 않았다. 그러더니 민나는 피곤하다는 듯이 하품을 하였다. 크리스토프는 하는 수 없이 자리에서 일어날 수밖 에 없었다.

크리스토프는 누군가가 붙잡아 주기를 기대했으나, 아무도 크리스토 프를 붙잡지 않았으며, 내일 또 오라는 인사도 하지 않았다. 얼마 전까 지 다정했던 민나의 모습은 영원히 사라지고 없었다. 크리스토프는 서 글픈 심정으로 집으로 돌아왔다.

크리스토프는 그날 밤을 거의 뜬눈으로 지새우고, 이튿날 아침 일찍 케리히 부인의 저택을 다시 방문하였다. 케리히 부인은 약간 경멸하는 듯한 눈초리로 인사를 하더니,

"크리스토프, 우리 조용히 이야기 좀 해요."

하고 말하며 크리스토프를 정원으로 데리고 갔다.

"크리스토프, 내가 무슨 이야기를 하려고 하는지 당신도 짐작하리라 생각해요. 나는 당신을 아주 성실한 사람이라고 믿고 있었어요. 그런데 그것을 이용하여 당신이 민나를 유혹하다니, 어떻게 그럴 수 있나요? 나는 도저히 믿을 수가 없군요."

"부인, 그런 것이 아니라……."

크리스토프의 눈에는 금세 눈물이 맺혔다.

"부인, 저는 부인이 저에 대하여 갖고 있는 신뢰를 이용한 적이 없습니다. 오해하지 마십시오."

크리스토프는 용기를 내어 이렇게 덧붙였다.

"부인, 저는 불성실한 사람이 아닙니다. 저는 민나를 진심으로 사랑하고 있습니다. 민나와 결혼하고 싶습니다."

그러자 케리히 부인은 입가에 부드러운 미소를 지으며 말하였다.

"안 돼요. 미안한 말이지만, 그런 일은 있을 수도 없어요. 그러니 더 이상 그런 어린아이 같은 말은 하지 말아요."

"왜 안 된다는 겁니까?"

크리스토프는 케리히 부인에게 그 이유를 분명하게 밝혀 달라고 말하였다. 그러자 케리히 부인은 빈정대는 말투로, 크리스토프가 재산이 없다는 것과, 민나와는 취미나 교양 면에서 맞지 않는다는 것 등이 반대하는 이유라고 말하였다.

그래서 크리스토프는 자기가 부자도 될 수 있고, 명예도 얻을 수 있

다고 강조하였다.

"안 돼요, 크리스토프! 이제 더 이상 그런 말은 하지 말아요. 그건 도저히 불가능한 이야기예요. 그저 재산만의 문제가 아니에요. 당신은 신분만 하더라도……."

그제서야 크리스토프는 그 모든 것을 이해하였다. 케리히 부인의 부드러운 미소 속에 감추어진 빈정거림과, 친절한 눈빛 속에 자리잡고 있는 냉혹함을 간파한 것이었다. 케리히 부인의 애정 속에는 우월감과 멸시가 함께 자리하고 있었던 것이다.

크리스토프는 창백한 얼굴이 되어 말없이 그 자리를 떠났다. 크리스토프는 충격으로 자살을 생각해 보기도 하였다. 도저히 이대로는 생활을 이어 나갈 자신이 없었다. 그런데 뜻밖에도 충격적인 일이 벌어졌다.

"멜키올이 익사체로 발견되었어요!"

이 놀라운 소식 앞에서, 이미 다른 모든 일들은 크리스토프의 마음속에서 사라졌다. 크리스토프와 루이자는 함께 목놓아 울었다. 생활 앞에 무릎을 꿇고 말았던 멜키올의 모습이 눈앞에 선하여 더욱 몸부림치며 울었다.

세상과 싸우기에는 너무나 나약했던 아버지, 허무하게 사라져 버린 자신의 생애를 한탄하던 멜키올의 목소리가 영혼의 흐느낌으로 전해져 오는 것만 같았다. 애처롭게 호소하던 멜키올의 목소리가 크리스토프의 귓전에 생생하게 메아리쳤다.

"크리스토프, 제발 나를 경멸하지 말아 다오!"

크리스토프는 이미 싸늘해진 멜키올의 얼굴에다 자신의 얼굴을 비비며 말하였다.

"아버지! 저는 아버지를 단 한 번도 경멸하지 않았어요. 부디 저를 용서해 주세요."

그리고 크리스토프는 생각하였다.

'나는 살아야 한다. 어머니를 위해서, 그리고 아버지의 한을 풀어 드리기 위해서라도 더욱 꿋꿋하게 살아가야 한다. 인생이란 휴전이 없는 무자비한 싸움의 연속이다!'

이유 없는 반항

멜키올이 세상을 떠나자, 집 안은 모든 것이 다 죽어 버린 듯한 적막감에 싸여 있었다. 크리스토프는 다시 음악에 열중하였다. 허영에 들뜬 마음으로 순간적인 행복을 추구했던 자신을 증오하고, 꾸짖었다.

에른스트와 로돌프는 갑자기 닥쳐온 변화에 대하여 두려움을 느꼈는지, 서둘러 직장을 구해 나가 버렸다. 크리스토프와 루이자는 멜키올이 진 빚을 갚아야만 했기 때문에, 마음이 아프기는 했지만 작은 집으로 이사를 가기로 결심하였다. 그래서 시장 근처에 있는 건물 3층으로 이사를 하였는데, 그 곳은 무척 시끄러웠다.

집 주인은 법원 서기 오일러 노인이었다. 오일러 노인은 미셀 노인의 오랜 친구로 크리스토프 집안의 내력을 자세히 알고 있었다. 오일러 노인은 작은 몸집에 성품이 곧고 철저한 도덕가였다.

오일러 노인의 사위는 쉰 살 정도 되어 보이는, 사법국의 관리 포겔이었다. 포겔은 부지런하고 교양 있는 사람이었으나, 늘 침울한 표정을 짓고 있었다. 그러나 그 부인은 무척 활발하고 수다스러운 여인이었다.

이들에게는 두 명의 자녀가 있었는데, 딸 로자는 아름다운 데라고는 전혀 없는 얼굴에, 크리스토프가 질릴 만큼 수다스러웠다.

크리스토프는 자신이 잘생기지 않았음에도 불구하고, 남의 아름다움에 대해서는 관심이 많았다. 그러므로 로자에게는 전혀 관심을 보이지 않았다. 반면에, 아들 레온할트는 미남인데다가 다정했으며, 언제나 차분하고 말수가 적었다.

그런데 누구보다도 크리스토프와 루이자가 이사 온 것을 대환영한 사람은 로자였다. 로자는 크리스토프가 이사 온 다음 날부터, 귀찮을 정도로 크리스토프의 뒤를 따라다니며 친절을 베풀었다. 그 친절이 크리스토프의 생활에 방해가 될 정도였다. 그래서 크리스토프는 곧잘 로자에게 화를 냈다. 로자는 크리스토프가 자신을 좋아하지 않는다는 것을 눈치채고는 실망한 눈치였다.

그 후로 로자는 루이자를 도와주면서 환심을 얻으려고 하였다. 그렇게 하면 크리스토프의 마음이 돌아설 것이라고 생각했던 것이다. 로자는 결코 아름다운 소녀는 아니었지만, 착한 마음씨를 갖고 있었다.

루이자는 그런 로자를 무척 귀여워하였다. 그러다 보니 크리스토프도 가끔 로자에게 부드러운 말투로 이야기를 건네기도 하였다. 그런데 우연히 그 모습을 본 오일러 노인과 포겔 부부는, 크리스토프의 진심도 모르고 두 사람을 결혼시키려고 마음먹었다. 그것은 크리스토프나 로자 모두에게 아주 불행한 일이었다.

예술가로서 자유 분방한 생각을 갖고 있는 크리스토프와, 딱딱한 관리 생활로 세상의 습관과 상식을 곧이곧대로 지키면서 살고 있는 오일러 집안의 사람들은 근본적으로 생각과 성격이 달랐다. 크리스토프는 오일러 집안 사람들을 이렇게 생각하고 있었다.

'저런 딱딱한 분위기 속에서 시시하고 형식적인 일만을 신경 쓰고 살아가다니, 정말 신기해. 옆에서 보기만 해도 숨이 막힐 지경인데……'

크리스토프는 오히려 오일러 일가가 몹시 험담하고 경멸하는, 자비네 프레리히라고 하는 젊은 여인에게 마음이 끌렸다. 자비네는 스무 살의 젊은 미망인으로, 어린 딸과 함께 오일러 집에 세들어 살고 있는 여자였다.

자비네의 방은 크리스토프가 쓰고 있는 방과 앞마당을 사이에 두고 마주 보고 있었다.

자비네는 큰길 쪽에 잡화점을 차려 놓고 장사를 하고 있었으나, 장사에는 그다지 열성을 보이지 않았다. 크리스토프는 자비네와 우연한 기회에 인사를 나누게 되었다.

그 후 며칠이 지나서 크리스토프와 자비네가 다시 만나게 되었을 때, 크리스토프가 먼저 이야기를 건넸다.

"부인은 음악을 좋아하십니까?"

"아니오, 저는 솔직히 음악을 듣고 있으면 따분해져요."

자비네는 아무 거리낌없이 대답하였다. 크리스토프는 이런 솔직한 그녀의 태도가 마음에 들었다.

"그럼, 부인은 책을 즐겨 보시나요?"

"아뇨. 어려운 책은 정말 싫고, 소설책도 끝까지 다 읽으려면 지루해져요."

"그렇다면 연극 보는 것은 좋아하십니까?"

"그것도 별로예요."

"그렇다면 하루 종일 무엇을 하시나요?"

그러자 자비네는 웃으면서 말하였다.

"어머나, 할 일이 얼마나 많은데요."

그러면서 자비네는 일어나서 옷을 차려입고, 아침 메뉴를 결정하고, 다시 점심과 저녁을 먹고, 방을 정리하고, 또한 아무 일도 하지 않는 시간도 있어야 하니까, 하루 종일 할 일이 너무 많다고 대답하였다. 크리스토프는 자비네와 이야기를 나누면, 어떤 고통도 사라져 버렸다. 왜 그런지는 알 수 없었으나, 자비네와 함께 있으면 금세 기분이 좋아졌다.

크리스토프와 자비네는 어느 새 서로의 마음속에 자리를 잡아 가고 있었다.

크리스토프와 자비네가 가까워진 것을 안 오일러 집안 사람들은 엄청난 비난의 말을 퍼부었다.

그러던 어느 날, 크리스토프가 연주 여행을 떠난 사이에 자비네는 유행성 감기에 걸려 갑자기 세상을 떠나고 말았다. 연주 여행을 하는 동안 자비네에 대한 그리움으로 몸을 떨었던 크리스토프는, 돌아와서 이 사실을 알고 하염없이 눈물을 흘렸다. 자비네와의 다정했던 시간들이, 크리스토프의 머릿속을 스치고 지나갔다.

그러나 크리스토프의 이런 슬픈 마음도 아랑곳하지 않고, 오일러 집안 사람들은 이제 자비네가 없어졌으니 크리스토프의 마음이 로자에게 돌아설 것이라고 믿고 있었다. 하지만 그 기대는 완전히 빗나가고 말았다.

어느 날, 크리스토프는 상점에서 점원으로 일하는 아더라는 여인을 알게 되었다. 아더는 매우 자부심이 강한데다가 성미가 까다롭고, 허영심이 많았지만, 동시에 크리스토프를 즐겁게 하는 귀엽고 천진스러운 면을 가지고 있는 여자였다. 아더는 크리스토프와 함께 있는 것을 사람들에게 보이고 싶어서, 늘 사람들이 많은 곳을 찾아다녔다. 그래서 두 사람의 관계는 곧 이웃의 모든 사람들에게 알려졌다.

그러자 오일러 노인과 포겔 부부는 분개하여, 크리스토프에게 집을 나가라고 소리쳤다. 크리스토프와 루이자는 어쩔 수 없이 다른 집으로 이사를 하였다. 그 후로도 크리스토프는 계속 아더를 만났다. 그러나 얼마 후 아더가 행실이 나쁜 여자라는 것을 알고는, 자신의 생활 속에서 아더의 존재를 완전히 지워 버렸다. 크리스토프는 지난날의 밝고 힘에 넘치며, 조용한 생활로 되돌아가려고 무진 애를 썼으나 모두 허사였다.

어느 새 크리스토프는 술에 빠져들기 시작하였다.

그러던 어느 날 밤, 크리스토프는 술 취한 자신의 모습에서 문득 절망하고 고뇌하는 멜키올의 모습을 발견하고는, 멜키올의 죽음 앞에서 결심했던 말을 되새겨 보았다.

이윽고 크리스토프는, 오랫동안 자신을 묶어 두고 있던 괴로운 상념에서 벗어날 수 있었다.

크리스토프는 새로운 자신을 발견했고, 그 속에서 새로운 힘을 느꼈다. 크리스토프는 독일 음악가들에 대해서도 날카로운 비판을 하였다.

"멘델스존의 음악은 알맹이가 없는 빈 껍데기뿐이다. 베버의 음악에는 메마른 마음과 이성적인 감동이 있을 뿐이며, 슈베르트의 음악은 깊이가 없는 감수성에 빠져 있다. 위대한 바흐의 음악에서는 곰팡이 냄새가 나고, 소박한 슈만에게는 독일 음악이 지니고 있는 허위성이 있다. 바그너의 음악조차 이와 같은 허위적 이상주의에서 벗어나지 못했다!"

그러나 분명한 것은, 크리스토프가 이처럼 흥분한 목소리로 비판한 이 음악가들은 실로 위대했으며, 크리스토프에게 상당한 영향력을 발휘했다는 것이었다.

크리스토프가 이 음악가들을 이처럼 예리하게 비판한 것은, 자신에게 무척 냉정했기에 가능하였던 것이다. 사실, 크리스토프보다 이 음악가들을 사랑한 사람은 없을 것이다.

슈베르트의 따뜻한 마음과 하이든의 순결한 정신, 모차르트의 뜨거운 열정을 크리스토프처럼 진정으로 느낀 사람도 없을 것이었다.

크리스토프는 자신의 감정이나 음악적 감흥을 결코 숨기려고 하지 않았다. 아무리 유명한 작품일지라도, 그것이 형편없는 작품이라는 생각이 들면 가차없이 비판하였다. 상대가 전문적인 음악가이든 아니든 가

릴 것 없이 있는 그대로 솔직하게 평가하였다.

크리스토프의 이런 언동은 점차로 퍼져 나가서 모르는 사람이 없을 정도였으며, 그에 대한 여론도 좋지 않은 쪽으로 흘렀다.

"크리스토프 그 녀석은 머리가 돌았다!"

"실성한 음악가다!"

크리스토프는 대공 앞에서도, 대공의 친척들이 존경하고 있는 유명한 음악가들에 대해 가차없는 비판을 하였다. 그러자 대공은 화를 내며 크리스토프를 꾸짖었다.

"크리스토프, 나는 자네의 말을 들을 때마다 자네가 정말 독일의 음악가인지 의심스럽네."

이런 크리스토프의 언동은 장래에 커다란 위협을 가져오는 불씨가 되었다. 그런데도 크리스토프는 자신의 생각이 옳다고 믿고 있었기 때문에, 그로 인한 행복감으로 가득 차 있었다.

크리스토프는 이 행복감을 자기 혼자만 느낄 수가 없어서, 악단의 동료인 지그문트 옥스를 상대로 이야기를 나누었다. 옥스는 크리스토프의 생각에 공감하지 않았지만, 크리스토프 앞에서는 공감하는 것처럼 함께 토론을 벌였다. 그러다가 뒤돌아서면 사람들에게 크리스토프에 대한 비난을 마구 퍼부었다.

그러자 악단의 동료들은 옥스의 말만 듣고, 기회만 있으면 크리스토프의 작품에 대해 비난하려고 벼르고 있었다. 성급한 사람들은 크리스토프의 작품을 들어 보기도 전에, 벌써 비판부터 하였다.

엉뚱한 실수

마침내 크리스토프의 작품 발표 날이 되었다.

크리스토프는 수많은 작품 가운데서 〈유디트를 위한 서곡〉과 일련의 가곡, 두세 개의 고전적인 작품을 선택하고, 옥스의 〈축하 행진곡〉을 추가하여 발표하였다.

연습 도중에는 아무런 일도 일어나지 않았다. 악단의 단원들은 자신들이 연주하고 있는 작품에 대해 전혀 이해하지 못하고 있었으며, 이 새로운 음악의 기묘함에 놀라고는 있었지만 자신들의 의견을 내세울 만한 기회가 없었다. 크리스토프의 자신만만한 태도 역시 단원들을 위압하고 있었다.

그런데 한 여가수 때문에 약간의 문제가 있었다. 이 여가수는 명문 출신으로 독일에서 꽤 이름이 알려져 있는 가수였는데, 크리스토프가 노래를 들어 보니 자연스러운 맛이 전혀 느껴지지 않았다. 그래서 크리스토프는 여가수에게 주의를 주었다.

"나는 인간에게 노래를 시키려는 것이지, 동물에게 고함을 지르게 하려는 것이 아니오."

이 말에 여가수는 기분이 몹시 상하여, 거만한 태도로 이렇게 반박하였다.

"이것 보세요! 거장인 브람스조차도 내 노래를 칭찬했었다고요."

"그러니까 더욱 안 된다는 거요. 브람스는 자연스러움이라는 것을 일생 동안 느끼지 못했던 사람이오."

그리하여 크리스토프와 여가수의 논쟁이 시작되었다. 여가수는 고집을 부리며 계속 자신의 방식대로 노래를 불렀다. 결국 크리스토프는 화가 난 표정으로 이렇게 말하였다.

"좋소! 계속 그렇게 하겠다면, 당신의 노래를 빼 버리는 수밖에 없겠소."

그제서야 여가수는 고집을 꺾고, 크리스토프의 말대로 연습을 하였다. 하지만 마음속으로 연주회 때는 자신의 방식대로 노래를 부르겠다고 결심하고 있었다.

드디어 연주회 날이 되었다. 그 날 연주회에는 대공이 참석하지 않았다. 대공의 불참은 크리스토프의 미래에 대한 위협이나 마찬가지였다. 청중들은 침묵 속에서 연주회를 지켜보았다. 서곡이 끝나자 청중들은 박수를 쳤다. 그러나 그것은 매우 정중하고도 차가운 것이었다. 다시 연주가 시작되었으나, 청중들은 여전히 냉담하였다.

크리스토프는 노여움으로 울고 싶어졌다. 다음은 그 여가수가 무대에 설 차례였다. 여가수가 나타나자, 냉담하던 청중들은 갑자기 돌변하여 뜨거운 함성과 박수를 보냈다. 그러자 여가수는 청중들의 환호에 도취되어 자신의 방식대로 노래를 부르기 시작하였다.

반주를 하고 있던 크리스토프는 얼굴이 창백해졌다. 크리스토프는 조용히 여가수에게 주의를 주었다. 그러나 몇 번의 주의에도 불구하고 여가수가 말을 듣지 않자, 크리스토프는 끝내 피아노 건반을 쾅쾅 두드리며 신경질적으로 소리를 질렀다.

"그만!"

그러자 청중들은 깜짝 놀라 어안이벙벙해졌다. 크리스토프는 얼음같이 차가운 목소리로 여가수에게 말하였다.

"다시 하시오!"

여가수는 당황하여 어찌할 바를 모르다가, 크리스토프의 위엄에 눌려 노래를 다시 부를 수밖에 없었다. 그런데도 여가수의 노래가 끝나자, 청중들은 열광하며 앙코르를 연발하였다. 크리스토프는 아무 말 없이 피아노 뚜껑을 닫아 버렸다.

크리스토프가 마지막 곡을 위해서 지휘대에 올라섰을 때, 청중들은 열광하였다. 그러나 그 곡은 크리스토프의 곡이 아니고, 옥스의 〈축하 행진곡〉이었다.

청중들은 크리스토프를 향한 반감을 나타내기 위해, 일부러 옥스에게 열광적인 박수를 보냈다. 연주회는 이렇게 끝이 났다. 크리스토프는 맥이 풀렸다. 그러나 크리스토프를 더 괴롭혔던 것은, 이제까지 그의 음악에 흥미를 보였던 사람들조차 연주회 이후로는 한 마디 격려의 말도 건네지 않았다는 것이었다.

그 무렵, 프랑스의 극단이 마을로 순회 공연을 왔다. 공연하는 연극의 제목은 셰익스피어의 〈햄릿〉이었다. 크리스토프는 셰익스피어를 무척 좋아하였다. 특히 청년 시절의 불안한 마음 상태를 잘 묘사한 〈햄릿〉은 크리스토프에게 큰 감명을 준 작품이었다. 크리스토프는 〈햄릿〉을 보기 위해 혼자 극장으로 갔다.

이미 연극표는 매진되었다. 크리스토프는 연극표를 사지 못해 서운한 표정으로 되돌아가는 사람들 중에서 한 젊은 여인을 발견하였다. 외국인인 듯한 그 여인은 수수한 옷을 입고 있었으며, 보통 키에 얼굴은 갸름하였다. 크리스토프는 그 여인에게 다가가서 물었다.

"표가 없습니까?"

"네, 없어요!"

여인은 얼굴을 붉히며 서투르게 대답하였다.

"표가 한 장 남는데, 저와 함께 보시겠습니까?"

그러자 여인은 더욱 얼굴을 붉히며 말하였다.

"고맙지만, 받을 수 없어요."

크리스토프는 여인이 사양은 했지만, 연극을 보고 싶어하는 것을 눈치채고는 다시 정중하게 제안하였다. 그러자 여인은 크리스토프의 태도가 예의 바르고 솔직해 보였는지, 미소를 지으며 조심스럽게 말하였다.

"그럼, 들어가겠어요. 고맙습니다."

크리스토프와 여인은 극장 안으로 들어갔다. 그런데 좌석이 무대의 정면에 있어서, 두 사람의 모습은 곧 사람들의 눈에 띄었다. 크리스토프는 자기들이 사람들의 호기심의 대상이 되고 있다는 것을 눈치챘다. 여인도 그것을 눈치챘는지, 당황하여 표정이 딱딱하게 굳어 있었다. 그러나 크리스토프는 별로 신경쓰지 않았다.

드디어 연극이 시작되었다. 잠시 후 크리스토프는 나이 많은 여배우가 햄릿 역을 하는 것을 보고, 화를 참을 수가 없어서 조소의 말을 내뱉었다. 사람들의 시선이 일제히 크리스토프 쪽으로 쏠렸다.

그 때 장중하고도 부드러운 목소리가 크리스토프의 귀에 들려왔다. 오필리어가 등장한 것이었다. 물론 작품 속에 나오는 오필리어의 이미지와는 거리가 좀 멀기는 했지만, 그리스의 조각처럼 날씬하고 아름다운 여배우였다.

크리스토프는 옆자리에 같이 앉아 있는 여인의 존재도 잊은 채, 몸을 앞쪽으로 내밀어 여배우를 정신없이 바라보았다. 그러다가 휴식 시간이 되자, 크리스토프는 옆 자리의 여인에게 웃는 얼굴로 나직이 물었다.

"당신은 외국 사람인가요?"

"네!"

"어느 나라 분이지요?"

"프랑스요!"

"아, 그렇습니까? 정말 놀랍군요. 당신은 전혀 프랑스 사람처럼 보이지 않아요. 너무 정숙해서요."

"프랑스 사람 중에도 정숙한 사람은 많아요."

그 여인은 몹시 당황한 듯 빠르게 대답하였다.

"프랑스 어로 하는 연극을 보시게 되어 기분이 좋으시겠어요?"

"그래요, 아주 좋아요."

크리스토프는 막이 오를 때까지 조용히 무대를 지켜보았다. 막이 오르자, 실성한 오필리어가 사랑과 죽음의 노래를 부르는 장면이 펼쳐졌다. 크리스토프는 오필리어의 연기와 노래에 흠뻑 빠져 버렸다. 연극이 끝났을 때, 감격한 크리스토프는 옆 자리에 앉았던 여인에게 인사도 하지 않고 집으로 돌아왔다.

다음 날 크리스토프는 곧장 여배우가 묵고 있는 호텔로 찾아갔다.

크리스토프는 여배우를 만나자마자, 최고의 찬사를 보냈다. 그러자 그 여배우는 기분이 좋은 듯 크리스토프를 기쁘게 맞아 주었다. 크리스토프와 여배우는 금세 친해졌다. 그녀는 콜린이라는 예명을 쓰고 있었다.

크리스토프와 콜린은 이틀 동안 줄곧 만나서, 크리스토프의 음악에 관한 이야기 등을 나누고 좋은 친구가 되기로 약속하였다.

"다음 공연은 프랑크푸르트에서 열려요."

"그 곳으로 가서 당신의 연기를 또 보겠소."

얼마 후, 크리스토프는 약속대로 콜린의 연기를 보기 위하여 프랑크푸르트로 갔다. 그러나 그 곳에서는 많은 팬들이 콜린을 에워싸고 있었으므로, 그녀와 이야기를 나눌 시간은 별로 없었다. 맨 마지막에 가서야 크리스토프는 콜린과 작별의 인사를 하고, 서로 편지를 주고받자고 약속하고는 헤어졌다.

크리스토프는 집으로 돌아가기 위해 기차를 탔다. 그런데 어느 역에서 기차가 멈추었을 때, 크리스토프는 깜짝 놀랐다. 반대쪽으로 가는 기차에 함께 연극을 보았던 여인이 타고 있었기 때문이었다. 그 여인도 크리스토프를 알아보고는 깜짝 놀라더니, 모자를 벗어 인사를 하였다. 크리스토프가 말을 건네려고 창문을 열었을 때, 기차가 출발을 알리는 경적을 울렸다.

두 사람은 차창에 얼굴을 꼭 붙인 채 서로의 눈을 물끄러미 들여다보았다. 기차가 천천히 움직였다. 그 여인은 꼼짝도 하지 않고, 크리스토프를 바라보았다. 크리스토프의 시야에서 여인의 모습이 사라졌다. 크리스토프는 마음에 큰 구멍이라도 뚫린 것 같은 허전함을 느꼈다.

다음 날, 크리스토프는 만하임을 만났다.

"자네는 정말 대단해. 그류네바움 가의 가정교사와 함께 연극 구경을 가다니……. 덕분에 그 집 사람들이 노발대발하여, 그 여인을 내쫓아 버렸다네."

"뭐라고? 나 때문에 그 여인이 쫓겨났다고?"

크리스토프는 흥분하여 그류네바움 가로 달려가서, 그 여인과의 관계를 이야기해 주어야겠다고 말하였다.

"그럴 필요 없네. 그 여인은 이미 떠났거든."

크리스토프는 미안한 생각에 여인의 행방을 찾으려고 애를 썼다. 그류네바움 가로 가서 물어 보았지만, 그들은 관심도 없다는 듯이 매정하게 대답을 거절하였다.

크리스토프는 여인에게 상처를 주었다는 생각으로 괴로웠다. 그런데 크리스토프의 괴로움 속에서 하나의 신비로운 감정이 싹트고 있었다. 사라져 가던 그 여인의 눈빛이, 아주 조용히 크리스토프의 가슴속에 자리잡고 있었던 것이다.

크리스토프는 그 여인이 자신에 의한 피해자라고 생각되었다. 그래서 다시 만날 가능성이 거의 없다는 것을 잘 알고 있으면서도, 결코 그 여인을 잊으려고 하지 않았다. 크리스토프는 어쩌면 그 여인을 다시 만날 수 있을 것이라고 믿었다. 그 여인의 이름은 앙투아네트 자낭이라고 하였다.

콜린은 크리스토프가 아무리 편지를 써도 답장을 보내지 않다가, 거의 포기하고 있을 무렵에야 아주 짤막한 전보를 보내왔다.

콜린은 편지에, 크리스토프를 잊은 것이 아니라 생각할 틈이 없을 정
도로 바빴다고 썼다.

프랑스를 향하여

크리스토프는 아직까지도 콜린의 매력에 사로잡혀 있었으므로 콜린이
제안한 시적인 악극을 만들어야겠다고 결심하였다. 그래서 크리스토프
가 처음으로 생각한 것은, 연극의 어느 한 막에 음악을 삽입하는 일이
었다.

크리스토프는 일단, 슈테판 헬무트가 그리스 비극을 개작한 〈이피게
네이아〉라는 작품을 골라 음악을 만들었다. 그러나 이 공연은 완전히
실패하고 말았다. 실패의 원인은 무엇보다도 크리스토프가 공연을 이틀
앞두고, 잡지사 직원과 큰 싸움을 벌였기 때문이었다. 그로 인하여 대부
분의 신문과 잡지에서는, 시는 매우 훌륭했다고 칭찬하면서도 음악에
대해서는 전혀 언급도 하지 않았다.

사람들은 크리스토프에게 야유를 보냈다. 그나마 사람들에게 다소의
참작이 된 것은 크리스토프의 지위였다. 그러나 크리스토프는 이 지위
마저도, 끝내 자신의 손으로 파괴해 버리고 말았다.

크리스토프는 논쟁의 적수를 조금도 생각하지 않고, 공박하는 글을
써서 신문사로 보냈다. 하지만 대부분의 신문사에서는 크리스토프의 글
을 받아 주지 않았다.

하는 수 없이 크리스토프는 언젠가 자신에게 원고 청탁을 했던 사회
주의 신문사로 찾아갔다. 그 곳에서 크리스토프는 대단한 환영을 받았
다.

다음 날, 그 신문에는 크리스토프의 글이 실렸다. 그와 함께 크리스토프에 대한 과장된 문구도 실려 있었다. 젊고 재능이 있으며, 박력이 넘치는 음악의 거장크리스토프가 사회주의 신문사에 협력해 주기로 했다는 것과, 노동 계급의 요구에 대한 크리스토프의 공감은 세상이 다 아는 사실이라는 것 등이었다.

　　그러나 크리스토프는 이 신문을 보지 못했다. 이 날 크리스토프는 새벽부터 산책을 나갔던 것이다.

　　산책에서 돌아온 크리스토프는 궁정에서 부른다는 소식을 전해 들었다. 크리스토프는 대수롭지 않게 생각하고 궁정으로 갔다. 그런데 대공은 크리스토프를 보자마자, 험악한 얼굴로 이렇게 외쳤다.

　　"아, 자네로군. 이제야 나타나셨어. 그래, 자네는 여기서 또 나를 바보로 만들 셈인가? 자네는 악당이야!"

　　크리스토프는 이 말에 어안이벙벙하여 잠시 서 있다가 말하였다.

　　"전하, 제가 무슨 잘못이라도 저질렀습니까?"

　　대공은 크리스토프에게 신문을 내던지며 흥분된 어조로 말하였다.

　　"이것이 자네의 실수야! 자네는 이따위 엉터리 말로 나를 모욕했어. 어떻게 그럴 수가……."

　　크리스토프는 대공이 내던진 것이 사회주의 신문이라는 것을 알았다.

　　"전하! 저는 그다지 나쁜 짓을 했다고는 생각하지 않습니다."

　　"뭐라고? 나쁜 짓을 하지 않았다고? 이 신문은 하루도 거르지 않고 나에게 당치도 않은 욕설을 퍼붓고 있는데, 어떻게 자네가!"

　　대공은 더욱 노발대발하였다.

　　"전하, 저는 이 신문을 한 번도 본 적이 없습니다. 저는 그저 음악에 관하여 글을 썼을 뿐입니다. 어떠한 신문에 기고를 하든 그것은 저의 자유입니다."

"자유? 닥쳐라! 나는 이제까지 크라프트 집안에 너무 친절했네. 자네나 멜키올의 소행을 보면, 자네들을 추방할 이유가 충분히 있었지만, 나는 추방하지 않았네. 이 시간 이후로 나를 적대시하는 신문에 글을 기고하는 것을 금하겠네. 아니, 내 허가 없이는 어떤 글도 쓰지 말게. 음악상의 논쟁은 이제 그만두게! 알겠나? 독일인들이 진심으로 소중하게 느끼고 있는 것을 공격하느라, 쓸데없는 시간을 낭비하는 일은 절대로 용서할 수가 없네!"

이 말을 듣고 얼굴이 창백해진 크리스토프는 온몸을 부들부들 떨면서 말하였다.

"전하, 저는 전하의 노예가 아닙니다. 저는 언제든 하고 싶은 말을 하고, 쓰고 싶은 것을 씁니다."

크리스토프는 창피하기도 하고, 화가 나서 금방이라도 눈물이 쏟아질 것 같았다. 두 다리가 후들거리고, 자신이 무슨 소리를 하고 있는 건지 알 수도 없었다. 크리스토프는 무의식적으로, 책상 위에 있는 재떨이를 집어들고 휘둘렀다. 그러자 화가 머리끝까지 난 대공은, 큰 소리로 나가라고 고래고래 소리를 질렀다.

크리스토프는 그 후로 완전히 외톨이가 되었다. 한동안 참을 수 없는 고독감으로 괴로워하던 크리스토프는, 문득 어린 시절 자신의 우상이었던 허슬러를 떠올렸다. 그 무렵, 허슬러는 독일에서 활동하고 있었다. 크리스토프는 어린 시절 허슬러가 약속한 것을 생각해 내었다.

'그래, 허슬러라면 나를 도와줄지도 몰라……'

크리스토프는 즉시 집을 나섰다. 루이자에게 며칠 동안 여행을 다녀오겠다고 말한 뒤, 기차를 탔다. 얼마 후 그는 베를린에 있는 허슬러의 집에 도착하였다. 크리스토프는 두근거리는 가슴을 진정시키고, 허슬러의 집 초인종을 눌렀다.

조금 기다리자 언짢은 듯한 표정으로 허슬러가 나왔다. 크리스토프는 긴장한 채 허슬러를 바라보았다. 어린 시절 그렇게도 크리스토프의 가슴을 뛰게 하던 허슬러는 아니었다. 허슬러의 푸석푸석한 얼굴과, 긴장이 풀어진 듯한 모습을 보고 약간 실망하였지만, 그래도 크리스토프는 정중한 태도로 자신을 소개하였다.

"저는 크리스토프 크라프트입니다."

"글쎄, 잘 모르겠는데……."

"장 미셸 크라프트의 손자입니다. 아주 어릴 적에 뵌 적이 있는데요."

크리스토프는 허슬러에게 옛날의 기억을 되살려 주려고 애를 썼다. 그러나 허슬러는 전혀 모르겠다는 표정으로, 크리스토프를 물끄러미 바라보았다. 크리스토프는 크게 실망한 나머지 그냥 돌아갈까 하다가, 용기를 내어 자신이 만든 작품을 한 번 들어 봐 달라고 부탁하였다.

그러자 허슬러는 귀찮다는 듯이 말하였다.

"그럴 것까지는 없네. 나는 자네에 대하여 아무 기억도 나지 않으니까 말이야."

"분명히 선생님께서는 옛날에 저를 도와주시겠다고 약속하셨습니다. 그래서 이렇게 찾아온 것입니다. 제발 제 곡을 한 번만이라도 들어 주십시오."

허슬러는 크리스토프가 금방이라도 눈물을 흘릴 것 같은 표정을 짓자, 재미있다는 표정으로 바라보다가 선심을 쓰듯 말하였다.

"그럼, 어디 한 번 쳐 보게!"

크리스토프는 차분하게 마음을 가라앉히고 곡을 연주하기 시작하였다. 그러자 건성으로 곡을 듣고 있던 허슬러의 눈이 커지면서 놀라는 표정이 되었다. 무뚝뚝하던 허슬러의 입술이 천천히 움직이기 시작하였다. 크리스토프가 한 곡을 다 연주하고 나자, 허슬러는 다소 흥분된 표정으로 말하였다.

"다음, 그 다음을 치게!"

그리고는 감탄한 듯이 크리스토프의 옆에 앉았다. 크리스토프가 다시 한 곡을 마치자, 허슬러는 크리스토프의 작품집을 훑어 보면서 감탄하였다.

"놀랍군! 정말 놀라워! 어떻게 이런 곡을……."

허슬러는 크리스토프를 밀어 내더니 자신이 직접 곡을 연주하였다. 그러면서 계속 혼잣말로 감탄하였다.

크리스토프는 비로소 자신감을 가지게 되었다. 그는 자신의 어린 시절부터 지금까지의 이야기를 허슬러에게 들려주었다. 그러자 허슬러는 또다시 차가운 표정이 되어, 멸시하는 듯한 목소리로 크리스토프의 작품을 비난하기 시작하였다.

"정말 시시한 작품이야. 시시한 놈들에게는 이런 작품이 안성맞춤이 겠지. 정말로 음악을 사랑할 줄 아는 사람은, 이 세상에 열 명도 안 되거든. 아니, 한 명도 없을 거야."

"아닙니다. 저는 진심으로 음악을 사랑하고 있습니다."

크리스토프가 이렇게 자신 있게 말하자, 허슬러는 여전히 비웃는 듯한 표정으로,

"분명히 자네도 얼마 안 가서 다른 녀석들처럼 되고 말 거야. 출세를 생각하고, 안락한 생활을 꿈꾸고. 하기야 그것이 인생에 있어서 최고 의 행복이겠지만 말이야."

라고 말하는 것이었다. 크리스토프는 자신의 생각은 절대로 그렇지 않다는 것을 말하려고 하였으나, 허슬러가 더 이상 듣고 싶지 않다는 표정을 지었기 때문에 할 수 없이 자리에서 일어섰다.

"감사합니다. 다시 찾아뵙겠습니다."

"그렇게 하게!"

허슬러는 정중하지만 차가운 태도로 대답하며 악수를 청하였다. 그리고는 현관까지 배웅하였으나, 크리스토프에게 언제 또다시 오라는 소리는 하지 않았다.

그로부터 몇 개월이 흘러갔다. 크리스토프의 마지막 희망이었던 허슬러도 끝내는 크리스토프를 도와주지 않았다.

크리스토프는 더 이상 독일에서 살아갈 용기가 나지 않았다. 이 작은 도시의 사람들은 옹졸한 생각 때문에, 크리스토프의 음악적 재능과 용기까지 모조리 짓밟아 버렸다.

크리스토프는 고통과 분노에 찬 괴로운 나날을 보내고 있었다. 크리스토프에게는 이제 희망도 용기도 자신감도 없었다. 그러다가 문득 이런 생각을 하게 되었다.

'그래, 독일을 떠나자. 프랑스로 가 보는 거야.'

크리스토프는 막상 독일을 떠나기로 결심하였지만, 어머니 루이자 때문에 망설여졌다. 그러나 크리스토프는 도저히 이래서는 안 되겠다는 생각에, 루이자가 아무리 슬퍼할지라도 자신의 뜻을 밝혀야겠다고 마음먹었다. 그러나 루이자는 크리스토프의 이야기에 별로 놀라지 않는 것처럼 보였다.

10월의 어느 일요일 오후였다. 무척 좋은 날씨였지만, 그 날도 크리스토프는 온종일 방에 틀어박혀서 고민하고 있었다. 그 날 이후, 루이자와 크리스토프는 약간 서먹서먹한 사이가 되어 있었다. 크리스토프는 외출 준비를 하였다. 그 때 루이자가 교회에서 막 돌아왔다. 크리스토프는 루이자에게 말하였다.

"어머니, 좀 나갔다 오겠습니다. 늦을지도 몰라요."

"오냐! 다녀오너라. 날씨가 좋으니 외출을 하는 것도 괜찮은 일이지."

루이자는 부드러운 얼굴로 이렇게 말하였다. 크리스토프는 조용히 밖으로 나갔다. 루이자는 안락의자에 앉아 눈을 감았다.

그런데 그 날, 크리스토프는 뜻하지 않은 일로 군인들과 싸움을 하게 되었다. 그래서 그 길로 곧장 피신을 해야만 했다. 크리스토프는 할 수 없이 파리 행 기차에 올라탔다. 이렇게 하여 크리스토프는 루이자와 오랫동안 이별하게 되었다.

새로운 시작

크리스토프는 사람들을 따라 서둘러 출구 쪽으로 걸어갔다. 파리의 거리는 짙은 안개가 끼어 있어서인지 차가운 느낌이 들었다. 센 강이 가까워지자, 안개가 더욱 짙어져서 마차는 속력을 내지 못했다.

지칠 대로 지친 크리스토프는 울적한 기분을 떨쳐 버리고, 새로운 생활에 도전하기 위해 용기를 냈다. 파리에는 다행히 오토와 콘이 살고 있었다. 오토는 모직물 가게를 운영하는 작은아버지 밑에서 일하고 있었고, 유대인 친구 콘은 꽤 큰 출판사에서 일하고 있었다.

크리스토프는 아침 일찍 여관에서 나와, 복잡한 거리를 헤맨 끝에 방크 가에 있는 오토의 가게에 이르렀다.

그러나 오토는 크리스토프가 군인들과 싸우고 도망쳐 왔다는 사실을 이미 들어서 알고 있었으므로, 크리스토프를 도와주면 아무래도 자신에게 귀찮은 일이 생길 것 같아서 크리스토프에게 독일로 되돌아가라고 설득하였다.

그러다가 뜻대로 되지 않자, 얼마 되지 않는 돈을 주면서 크리스토프를 따돌리려고 하였다. 크리스토프는 너무 화가 나서 오토에게 마구 욕을 퍼붓고는 뒤도 돌아보지 않고 가게를 나왔다.

이번에는 콘을 찾아갔다. 콘이 다니는 출판사는 마들렌 거리에 있었다. 크리스토프는 2층으로 올라가 여직원에게 콘을 만나고 싶다고 말하였다. 그러자 여직원은 뜻밖에도,

"콘이라는 사람은 없습니다!"

하고 말하였다.

"정말입니까? 이상하군요."

크리스토프는 자신이 올 것을 안 콘이 자신을 따돌리는 것이라 생각하고 크게 실망하여 뒤돌아섰다.

그 때 뒤에서 크리스토프의 이름을 부르는 소리가 들려왔다. 크리스토프는 깜짝 놀라 뒤를 돌아다보았다. 저쪽에서 콘이 활짝 웃는 얼굴로 손을 흔들며 크리스토프에게 다가오고 있었다.

"아니, 크리스토프! 자네가 웬일인가? 정말 놀랍군. 자네가 여기까지 오다니……."

"콘, 그 동안 잘 있었나?"

크리스토프는 어리둥절한 표정을 지으면서 콘을 바라보았다.

"콘이라는 사람이 없다고 해서, 자네가 나를 만나 주지 않으려나 생각하고 막 나가려던 참이었네."

"천만에! 여기서는 나를 해밀튼이라고 부르지. 그래, 어머니는 안녕하신가? 그런데 자네, 완전히 고향을 떠나온 건가?"

콘은 여러 가지를 한꺼번에 물었다. 그리고 나서 크리스토프를 데리고 밖으로 나왔다.

"일단 식당으로 가세."

크리스토프는 걸어가면서 콘에게 자신의 처지를 말하였다.

"나는 지금 일자리를 찾고 있네. 자네가 좀 알아봐 줄 수 없겠나?"

"알겠네, 알아보지. 별 문제없을 거야. 나는 꽤 많은 사람들을 알고

있으니까 말이야."

크리스토프와 콘은 식당으로 들어갔다. 크리스토프는 이틀이나 굶은 뒤였기 때문에, 음식이 나오자마자 사람들이 쳐다볼 정도로 정신없이 먹어 댔다. 콘은 그런 크리스토프의 행동이 매우 불쾌하게 느껴졌다. 그래서 조금 전까지 가졌던 호감이 금세 혐오감으로 바뀌고 말았다. 콘은 마음속으로 이렇게 생각하였다.

'크리스토프와 함께 다니다가는 내 체면에 큰 손상이 생기겠군!'

그러나 겉으로는 아무렇지도 않은 체하며, 크리스토프에게 흔쾌히 말하였다.

"크리스토프, 자네에게 알맞은 일자리가 생기면, 내일이라도 연락해 주겠네!"

그리고는 식사가 끝나자, 바쁜 일이 있다면서 서둘러 출판사로 돌아갔다. 크리스토프는 그것도 모르고, 콘의 친절함에 대해 무척 감동을 하였다.

다음 날 아침 8시부터 크리스토프는 콘의 연락이 오기만을 기다렸다. 그러나 하루가 지나고 이틀이 지나도 연락이 없었다. 사흘째가 되어도 마찬가지였다. 크리스토프는 더 참을 수가 없어서, 콘이 근무하는 출판사로 찾아갔다.

"해밀튼 씨는 지금 지방 출장 중입니다."

"언제 옵니까?"

"한 열흘 후에나 올 거예요."

크리스토프는 낙담하여 숙소로 돌아왔다. 크리스토프는 그 후로 며칠 동안 방 안에만 틀어박혀 있었다.

이렇게 일주일이 지난 뒤, 크리스토프는 또다시 출판사로 콘을 찾아갔다. 그런데 우연히 입구에서 콘과 마주치게 되었다. 콘이 먼저 입을 열었다.

"크리스토프, 자네의 일자리를 여러 곳에 부탁해 놓았네. 그런데 내가 워낙 바쁜데다가 오늘은 몸도 안 좋네!"

크리스토프는 콘의 말을 사실로 받아들이면서 말하였다.

"그래, 고마워! 몸조심해야지. 나까지 자네를 귀찮게 해서 미안하네."

콘은 자신이 마음에도 없는 말을 멋대로 꾸며 댔는데도, 전혀 의심치 않고 받아들이는 크리스토프의 순수함에 감동하여, 다시 크리스토프를 도와주어야겠다고 생각하였다.

"아, 이제야 생각나는군. 자네, 악보 출판사 일은 어떤가? 아주 큰 악보 출판사의 사장을 내가 알거든."

"그래? 그거 좋지."

크리스토프는 반갑게 받아들였다. 다음 날 크리스토프는 콘과 함께 오페라 극장 근처에 있는, 악보 출판사의 사장인 헤히트를 찾아갔다. 크리스토프는 그에게 보여 주려고 작품 몇 개를 가지고 갔다.

콘은 매우 점잔을 빼면서 헤히트에게 크리스토프를 다소 과장되게 소개하였다. 헤히트는 겉으로 보기에는 무척 무뚝뚝하고 거만해 보였으나, 본성은 착하고 진지하며 음악가에 대한 이해와 지식이 많은 사람이었다. 헤히트는 콘의 과장된 칭찬에도 아랑곳하지 않고, 무뚝뚝한 표정으로 말하였다.

"해밀튼 씨의 소개니 다른 사람과 다르겠지요. 무슨 일이든 부탁드려도 좋습니까?"

"네!"

크리스토프는 정중하게 대답하였다.

"지금 문고판으로 쉽게 볼 수 있는 피아노곡집을 출판하려고 하는데, 슈만의 〈사육제〉를 간단하게 편곡해 주실 수 있겠습니까?"

"네? 지금 저에게 그런 일을 하라는 겁니까?"

크리스토프는 어떻게 그렇게 단순한 일을 시킬 수 있느냐는 듯이 물었다.

"당신을 이해하지 못하겠군요. 그 일은 그저 그렇게 쉬운 일만은 아닙니다. 쉽다고 생각하시면 물론 좋겠지만요. 당신은 자신이 매우 훌륭한 음악가라고 생각하시는 것 같은데, 사실 나는 당신을 잘 모르지 않습니까?"

"그럼, 제 작품을 한 번 봐 주시겠습니까?"

크리스토프는 가져온 자신의 작품을 헤히트에게 보여 주었다.

헤히트는 크리스토프의 작품을 무관심한 표정으로 보고 있었으나, 처음 몇 소절만 보고도 크리스토프의 수준과 실력을 분명히 알 수가 있었다. 헤히트는 마음속으로 무척 감탄하고 있었지만, 그런 내색은 조금도 하지 않고 시큰둥하게 말하였다.

"좋은 작품이군요."

"저는 그런 비평을 들으려고 작품을 가져온 것이 아닙니다. 아까 그런 일 말고 제 수준에 맞는 일을 시켜 주실 수는 없겠습니까?"

"당신 수준에 맞는 일이라고요? 이 곳에서는 당신에게 결코 뒤떨어지지 않는 훌륭한 음악가들도, 내가 부탁하는 일이라면 기꺼이 해 줍니다. 그것도 진심으로 '감사합니다' 라는 말까지 하면서 말입니다."

"그건 그들이 무엇을 잘 모르니까 그렇겠지요. 저를 그런 사람들과 같다고 여기시면 큰 잘못입니다. 저는 그런 일을 할 바에는 차라리 죽는 것이 나을 거라고 생각합니다."

그 순간, 헤히트는 얼음처럼 싸늘한 태도로 말하였다.

"좋으실 대로 하십시오."

크리스토프는 화가 나서 인사도 하지 않고, 곧장 밖으로 나왔다. 그리고 며칠 동안 콘에게 연락도 하지 않고 찾아가지도 않았다.

그러던 어느 날 저녁, 길을 걷다가 우연히 콘과 마주치게 되었다. 크리스토프는 못 본 체하며 그냥 지나치려고 했으나, 콘이 먼저 말을 걸었다.

"크리스토프, 어디 가나? 그래, 그 동안 어떻게 지냈지? 자네는 정말 멋져! 자네가 그 거만하고 콧대 높은 헤히트의 기를 꺾어 놓았을 때, 나는 정말 통쾌했다네."

"그렇다면 자넨 내 행동에 화가 나지 않았다는 말인가?"

"물론이야! 나는 자네가 오기를 기다리고 있었다네. 우리 함께 저녁이나 먹으러 가세. 지금 나는 예술가 친구들의 모임에 가는 길이라네. 자네도 그 친구들과 사귀어 두는 것이 좋을 거야. 자, 같이 가세!"

콘은 크리스토프를 이끌고 큰길 쪽에 있는 한 식당의 2층으로 올라갔다. 그 곳에는 서른 명쯤 되는 청년들이 모여서 열띤 토론을 벌이고 있었다. 콘은 사람들에게 크리스토프를 소개하였다.

"자, 여러분! 새로운 친구를 소개합니다. 독일의 음악가이며 피아니스트인 크리스토프입니다."

콘은 열변을 토하면서 크리스토프를 소개했으나, 사람들은 크리스토프를 거들떠보지도 않고 토론에만 열중하였다. 그런데다가 크리스토프는 이런 모임에 익숙하지 못했으므로, 위축되는 자신을 느꼈다. 하지만 크리스토프는 사람들이 무슨 토론을 하는지 들어 보았다.

그들은 문학이니, '예술을 위한 예술'이니 하는 말들을 자주 하였다. 크리스토프는 토론에 관심이 생기지 않아 자신만의 생각에 잠겼다. 라인 강변의 언덕, 울창한 숲, 드넓은 목장, 늙으신 어머니의 모습 등을 생각하다가 슬그머니 자리에서 일어났다.

그 때 크리스토프의 눈에 피아노가 보였다. 크리스토프는 자신도 모르게 피아노 앞으로 가서, 가만히 건반을 쓰다듬어 보았다. 그는 피아노를 치기 시작하였다. 크리스토프는 그 시간 동안만은 자신이 어디에 와 있는지조차도 까맣게 잊어버렸다.

그 때 크리스토프의 바로 뒤에서 두 명의 남자가, 크리스토프의 연주를 듣고 있었다. 콘과, 음악 비평가인 테오필 구자르라는 사람이었다. 구자르는 음악도 잘 모르고 좋아하지도 않았지만, 음악 비평가로서 명성을 떨치고 있었다.

그 다음 날, 콘은 크리스토프를 자신의 집으로 초대하였다.

"크리스토프, 피아노가 치고 싶으면, 언제든지 우리 집으로 와서 치게."

"정말인가?"

"그래, 진심이네."

크리스토프는 너무 기뻐서 마치 하늘로 솟아오를 것만 같았다.

고독한 크리스토프

크리스토프가 콘의 허락을 받아 피아노를 치기 시작한 지 며칠이 지났을 때, 구자르가 크리스토프를 찾아왔다.

"정말 뜻밖이군요. 무슨 일로 저를 찾아오셨습니까?"

"연주회에 당신을 초대하고 싶습니다."

"연주회라고요? 오, 정말 감사합니다."

크리스토프는 진심으로 고마움을 느끼며, 구자르를 따라 연주회에 갔다. 그 후로도 구자르는 연주회가 있을 때마다, 크리스토프를 초대해 주었다.

크리스토프는 구자르의 안내로, 파리의 음악계를 조금씩 알게 되었다. 크리스토프는 점차 비평가들의 형식주의에 회의를 느꼈다. 그러나 비평가들 사이에서 그런 것들이 문제가 된 적은 한 번도 없었던 것 같았다.

'진정한 음악가란 음의 세계에 살고 있는 사람이다. 늘 음악의 파문이 되어 그 속에 잠겨야 하는 것이다.'

크리스토프는 음악가란 때로는 전문적인 영역에서 벗어나, 좋은 책을 읽거나 인생 경험을 쌓는 것이 바람직하다고 생각하였다. 음악가라고 해서 음악만으로 만족할 것이 아니라, 현실에 대한 모든 것을 제대로 알아야 한다고 생각하였다.

'그래, 음악가는 현실을 알고, 진실을 사랑하며 추구할 줄 알아야 해.'

그러나 파리의 문학이나 연극은 크리스토프에게 깊은 감동을 주지 못했다. 사실 그 무렵, 크리스토프는 프랑스의 참다운 예술가들이, 보이지 않는 곳에서 묵묵히 자신의 일에 충실하고 있다는 사실을 모르고 있었다. 왜냐하면 그들의 사상에 대하여 친숙하게 알고, 접할 기회가 전혀 없었기 때문이었다. 그런 가운데서도 크리스토프는 콘의 소개로, 피아노 가정교사 자리를 소개받았다.

크리스토프의 피아노 교습생 중에는 코레트 스토뱅이라는 아가씨도 있었다. 코레트는 열여덟 살로 자동차 공장 주인의 딸이었다. 크리스토프는 코레트가 프랑스 여자 특유의 성질을 갖고 있다고 생각하였다.

코레트는 마치 자전거를 타고 거리를 달리듯이 명쾌하게 피아노를 치다가도, 어느 순간 갑자기 피아노 소리에 취한 듯 넋을 잃고 깊은 감상에 빠지기도 했다. 그래서 크리스토프는 코레트에게 이렇게 말하였다.

"코레트는 피아노를 치고 있는 것이 아니라 즐기고 있는 것 같소."

"맞아요! 그리고 선생님 말씀대로라면, 제가 진정으로 음악을 사랑하는 사람이라는 증거가 아닐까요?"

"오, 나는 코레트에게 그렇게 말한 적이 없소. 코레트는 음악을 마치 하나의 놀이처럼 생각하는지 몰라도, 그건 잘못된 생각이오. 혹시 주위에 예술을 일종의 취미로 여기는 사람이 있다면 정말 곤란하오. 자, 이제 그런 이야기는 그만하고 어서 소나타를 쳐 봐요."

그러자 코레트는 자세를 가다듬고, 다시 피아노를 치기 시작하였다. 코레트는 원래 피아노 쪽에 소질이 있었기 때문에 꽤 능숙하게 치고 있었지만, 크리스토프는 코레트에게 속지 않았다. 크리스토프는 처음부터 코레트가 실제로는 아무것도 느끼고 있지 못하면서, 마치 무엇인가를 느끼는 체하고 있다는 것을 알고 있었다.

어느 날 아침이었다. 크리스토프가 다른 때와 마찬가지로 수업을 하러 갔을 때, 코레트는 몹시 피곤한 모습으로 앉아 있었다. 코레트는 나른한 표정으로 피아노를 치기 시작하였다. 그러더니 계속 실수를 했다. 결국 코레트는 도저히 안 되겠다는 듯이 말하였다.

"선생님, 죄송해요. 오늘은 좀 쉬어야겠어요."

"어디가 불편하오, 코레트?"

"가끔 이럴 때가 있어요."

사실 코레트는 전날 밤 열린 파티에서 너무 신나게 놀았기 때문에 지쳐 있었던 것이다. 그러다가 갑자기 코레트는 우울한 표정을 짓더니, 이 대로 살다가는 어리석은 남자와 결혼하게 될지도 모른다며 걱정하였다.

"아니오, 그렇지 않소! 용기를 내요. 코레트는 잘 하고 있소. 그리고 프랑스에는 아직도 훌륭한 남자가 얼마든지 있다는 것을 잊지 마시오."

"저는 지금의 제 생활에 염증을 느껴요. 정말 따분하니까요. 저는 화려하고 멋진 파티에 가는 일이 제일 즐거워요. 하지만 선생님, 그렇다고 저를 비웃지는 말아 주세요. 저는 선생님과 이야기하는 것이 무척 즐거워요. 저는 선생님이 강하고 진실한 분이라는 것을 잘 알고 있어요. 그리고 선생님을 존경하고 신뢰해요. 선생님, 제 친구가 되어 주시겠어요?"

"아! 코레트가 원한다면 기꺼이 친구가 되어 주겠소. 내가 어떻게 해 주기를 원하오?"

"항상 저에게 충고와 격려를 아끼지 말아 주세요. 저는 가끔, 저 자신도 걷잡을 수 없을 정도로 나쁜 행동을 할 때가 있어요. 그럴 때 선생님이 절 도와주세요."

코레트는 애절한 눈빛으로 호소하였다.

그런 일이 있은 뒤, 크리스토프는 진심으로 코레트를 도와주려고 여러 가지로 마음을 썼다. 그러나 코레트의 행동은 여전히 변덕스러웠다. 결국, 크리스토프의 충고를 듣겠다고 말한 것도, 한때의 감상적인 기분 탓이었다는 것을 크리스토프는 알게 되었다. 그런데다가 크리스토프는 코레트가 사귀는 상류사회의 청년들이 마음에 들지 않아서, 코레트에게 더 이상 진심으로 충고해 주고 싶은 마음이 없어졌다.

그러던 어느 날 밤, 크리스토프는 코레트의 집에서 전부터 안면이 있는 아실 루생이라는 사회주의자와 이야기를 나누게 되었다. 루생은 음악에 대해서는 전혀 모르고 있었지만, 그러면서도 매우 뜨거운 애정을 갖고 있는 것 같았다.

그 무렵 크리스토프는 〈다윗〉이라는 교향시를 작곡하고 있었다. 그래서 자연스럽게 루생에게 〈다윗〉에 관해 이야기를 하게 되었다. 루생은 뜻밖에도 몹시 감격하며, 〈다윗〉을 파리의 극장에서 상연했으면 좋겠다고 말하였다.

"파리 극장의 주선은 내가 모두 맡아서 해 주겠소!"

"이 작품은 무대용이 아닙니다."

"상관 없소! 반드시 큰 성공을 거둘 것이라 믿소!"

크리스토프는 약간 망설여졌지만, 루생이 워낙 적극적으로 권유하는 바람에 승낙하고 말았다. 모든 일이 루생의 주선으로 척척 진행되었다. 곧 성대한 흥행물을 계획하고 있던 신문사와 손을 잡고, 〈다윗〉의 공연 날짜를 결정하였다.

드디어 연습이 시작되었다. 그런데 다윗 역할을 맡은 생드 이글렌이라는 가수는 미인이었으나, 창법이 감상적인데다가 수준이 매우 낮았다. 크리스토프는 자신이 느낀 그대로를 루생에게 말하였다. 그러자 루생은 크게 화를 내면서 이렇게 말하였다.

"생드 이글렌은 아주 뛰어난 가수요. 내가 보증할 수 있소. 그리고 파리의 뜻있는 인사들도 모두 나와 같은 생각이오."

크리스토프는 루생의 태도가 너무 뜻밖이라 깜짝 놀라고 말았다. 그런데 곧 콘을 통해 그 이유를 알게 되었다.

"크리스토프, 자네는 생드 이글렌이 루생과 아주 가까운 사이라는 것을 모르고 있었나?"

크리스토프는 그제서야 비로소 루생이 크리스토프를 위해서가 아니라, 생드 이글렌을 위하여 〈다윗〉을 상연하려고 했다는 사실을 알게 되었다.

'더 이상 진행할 수 없다!'

크리스토프는 이렇게 결심하고 루생과의 관계를 끊었다. 그러자 신문에서는 크리스토프와 생드 이글렌과의 불화에 대하여 야단스럽게 보도하였다.

그러던 어느 일요일, 우연한 기회에 소극장에서 〈다윗〉을 공연할 수 있는 기회가 생겼다. 이 우연한 행운은 오히려 크리스토프에게 커다란 화근이 되었다. 그 때 신문은 물론, 생드 이글렌의 편을 든 사람들 모두가 크리스토프를 골탕 먹이려고 잔뜩 벼르고 있었다. 그러나 크리스토프는 어리석게도 자신의 실력을 보여 줄 셈으로 피아노와 관현악의 환상곡을 이 공연에 곁들여 놓았다.

잔뜩 벼르고 있던 사람들은 〈다윗〉의 공연이 시작되자, 처음에는 연출자의 체면을 생각해서 참고 있다가, 크리스토프가 작품을 연주하려고 무대에 오르자 맹렬한 기세로 야유를 퍼부었다. 크리스토프는 사람들의 야유 소리를 듣고, 화가 머리끝까지 치밀어 올랐다. 결국은 연주를 중단할 수밖에 없었다. 크리스토프는 갑자기 조용해진 청중들을 향해, 대중가요인 〈마르블루가 싸움터로 나가다〉를 매우 경멸하는 듯한 태도로 연주하였다. 그러고 나서 가슴을 앞으로 내밀며 이렇게 쏘아붙였다.

"여러분에게는 이런 노래가 안성맞춤이오!"

그리고는 뒤도 돌아보지 않고 무대에서 나가 버렸다.

다음 날, 신문은 크리스토프의 행동에 대하여 무례하다고 맹렬히 비난하면서, 재판에 회부하여 사형을 선고해야 한다고까지 보도하였다. 이로 인하여 크리스토프는 또다시 고독한 신세가 되고 말았다.

그러나 크리스토프는 슬퍼하지 않았다. 이것이 자신의 운명이며, 자신의 생애라고 스스로 위로하였다. 크리스토프는 그 때까지도 위대한 영혼은, 결코 고독한 것이 아니라는 것을 모르고 있었다. 또한 자신을 그 누구보다도 사랑해 줄 친구가 나타나리라는 것을 전혀 짐작하지 못하고 있었다.

갈등과 괴로움

코레트의 집에는 코레트말고도 사촌인 그라치에라는 소녀가 있었다.

그라치에는 열네 살 소녀로, 어렸을 적에 어머니를 잃었다. 스토뱅 부인은 그라치에 아버지의 여동생으로, 그라치에 어머니의 장례식에 갔다가 어머니를 잃은 슬픔으로 풀이 죽어 있는 그라치에를 위로해 주기 위해 파리로 데리고 왔다.

스토뱅 부인은 그라치에의 교육이 모든 면에서 뒤떨어져 있다는 것을 알고, 우선 피아노를 가르쳐야겠다고 생각하였다. 그라치에가 크리스토프를 맨 처음 본 것은 코레트의 집에서 파티가 열리던 날이었다. 초대를 받아 참석한 크리스토프는 사람들 앞에서 피아노를 연주하였다. 크리스토프는 그 날 기분에 따라, 조금 긴 곡을 연주하였다. 그러자 사람들이 지루해하며 크리스토프에게 불평을 터뜨렸다.

"너무 길군. 좀 짧은 곡을 연주하면 안 되나?"

"왜 저렇게 긴 곡을 연주할까. 작품 발표회도 아닌데 말이야."

그러나 그라치에는 크리스토프의 연주를 듣고, 눈물을 흘릴 정도로 감격하였다. 크리스토프가 사람들로부터 비웃음을 당하는 것을 본 그라치에는, 너무 슬퍼서 그 자리를 떠나고 싶다는 생각마저 들었다.

그런 일이 있은 후에 그라치에는 크리스토프에게 피아노를 배우게 되었다. 그라치에는 너무 기뻐서 어쩔 줄을 몰랐다. 그라치에는 틀리면 어쩌나 걱정하면서 무척 열심히 배웠다. 그래도 역시 틀릴 때가 많아 그때마다 크리스토프는 야단을 쳤다. 어떤 때는 가르치다 말고, 화를 내며 나가 버리기도 하였다.

그라치에는 그럴 때마다 자신이 너무 싫어져서, 죽고 싶다는 생각까지 하였다. 그런데도 크리스토프는 코레트에게만 정신이 쏠려 있었으므로, 그라치에에게는 전혀 관심을 보이지 않았다.

그라치에는 코레트가 자신보다 훨씬 뛰어나다고 생각하고 있었기 때문에, 코레트가 크리스토프의 호의를 독점하고 있어도 조금도 원망하지 않았다.

그라치에는 크리스토프가 코레트 때문에 고민하고 있다는 사실도 금방 눈치챘다. 크리스토프가, 코레트의 환심을 사려고 갖은 아양을 떨며, 비위를 맞추는 레비 쿠르의 끈질긴 태도를 역겹게 생각하고 있다는 것도 알았다. 그러나 코레트는 크리스토프가 레비 쿠르를 미워하고 있다는 사실을 알게 되자, 레비 쿠르와 더욱 가깝게 지냈다.

그라치에는 코레트가 왜 레비 쿠르와 크리스토프를 경쟁자로 만들고 있는지 이해가 되지 않았다. 코레트의 이런 짓궂은 태도를 보고, 나중에는 그라치에도 코레트를 미워하게 되었다. 크리스토프는 변덕스러운 코레트 때문에 불행하였고, 크리스토프의 불행으로 인해 그라치에 역시 불행하였다.

그러나 가련한 그라치에는 크리스토프에게 품고 있던 동정심이나, 호의에 대한 어떤 보답도 받지 못하고 있었다. 보답을 받기는커녕 오히려 코레트가 크리스토프를 화나게 할 때마다, 엉뚱하게도 그 화풀이를 그라치에가 받아야 했다. 마침내 크리스토프는 코레트를 단념해야겠다고 결심했다. 크리스토프가 집에 오는 횟수가 차츰 줄어들자, 그라치에의 슬픔은 한층 더 깊어졌다.

'차라리 고향으로 돌아갈까?'

그라치에는 이런 생각을 하였지만, 용기 있게 자신의 마음을 털어놓을 수도 없었다. 그러다가 〈다윗〉이 상연되던 날, 그라치에도 스토뱅 가족들과 함께 극장에 갔다.

사람들이 크리스토프를 욕하면서 좋아하는 모습을 보자, 그라치에는 가슴이 찢어지는 듯한 슬픔을 느꼈다. 그라치에는 소리내어 마음껏 울고 싶었지만, 그럴 수가 없었다. 그러나 집에 돌아와서도 코레트와 레비 쿠르가 크리스토프를 조롱하며 웃음거리로 만들자, 그라치에는 괴로움을 참을 수가 없어서 자신의 방에 들어가 한없이 울었다.

그라치에의 마음속 깊은 곳에는, 크리스토프를 사모하는 마음이 꺼질 줄 모르는 작은 불꽃처럼 타오르고 있었다.

그라치에는 그 때 크리스토프를 위해서라면, 자신의 목숨을 바쳐도 좋다고 생각하고 있었다. 그러나 크리스토프를 위하여 어떤 일도 해주지 못하는 자신의 처지를 생각하자 너무나 슬펐다. 그라치에는 더 이상 파리에 머물고 싶지 않았다. 그래서 아버지가 있는 고향으로 갔다. 스토뱅 부인을 설득시키는 데 많은 어려움이 있었지만, 필사의 노력으로 설득할 수가 있었다.

그라치에는 고향으로 돌아오자 마음이 어느 정도 진정되면서, 파리에서 있었던 일들이 차차 잊혀졌다. 그래도 불행한 크리스토프의 모습은 자꾸만 떠올랐다. 그라치에는 크리스토프에게 편지를 썼다. 그리고 한참 동안을 망설이다가 결국 이름을 밝히지 않은 채 편지를 띄웠다.

편지에는 당신을 이렇게 사랑하고 그리워하는 사람이 있으니 절대로 외로워하지 말라는 것과, 무슨 일이 있어도 낙심하지 말라는 것, 그리고 당신을 위하여 항상 기도를 드리고 있는 사람이 있다는 것을 알아 달라는 내용이 들어 있었다.

그러나 안타깝게도 이 편지는 크리스토프에게 전달되지 못했다. 크리스토프는 멀리서 그라치에가, 자신을 향한 소박한 애정을 품고 있다는 사실을 전혀 모르고 있었다. 앞으로 자신의 인생에 있어서 큰 위치를 차지하게 될 순결한 애정의 존재를 전혀 알지 못하고 있었다.

크리스토프는 고독하게 지내고 있었다. 그러나 결코 실망하지 않았다. 크리스토프는 이미 오래 전에 절실한 고독을 느껴 본 적이 있었기 때문에, 이 때의 고독은 크리스토프를 더욱 강하게 만들어 주었고, 또

어른스럽게 만들었다.

'아! 어디를 가도 사람들은 모두 같은 마음을 가지고 있는 것 같다. 인생은 다 이런 것일까?'

크리스토프는 체념하면서, 세상에 대하여 반항을 되풀이하는 일은 이제 그만두어야겠다고 생각하였다.

'남은 어디까지나 남일 뿐, 내가 아니다.'

크리스토프는 이 말을 되새기면서, 다시 베토벤의 말을 생각해 보았다.

'만약 우리들 자신이 가지고 있는 생명의 힘을 아주 평범한 일들에 써 버린다면 더 숭고한 것, 더 훌륭한 것을 위하여 남는 것은 과연 무엇이겠는가?'

크리스토프는 자신의 천성에 맹렬한 비판을 가하며, 자기도 모르는 사이 조국의 책을 펼쳤다. 책을 펼치자 방 안 가득 찬란한 태양이 눈부시게 비추는 것 같았고, 저 멀리 라인 강의 물 흐르는 소리가 들려오는 것만 같았다. 두고 온 고향의 친구들과, 어머니의 애정에 넘치는 미소가 가슴 가득 느껴졌다.

크리스토프는 다시 기운을 내어 거리로 나섰다. 아무도 자신을 알아주지 않아도 좋았다. 그것이 오히려 더 마음이 편했다. 크리스토프는 이제야 비로소 독일 사람의 정신에서 흘러넘치는 정기와, 바흐나 베토벤의 음악적인 힘을 알게 되었다.

그러나 갈수록 크리스토프의 생활은 점점 더 궁핍해졌다. 단 하나의 수입이었던 피아노 교습 자리마저도 잃게 되자, 크리스토프는 지금까지 머물고 있던 방보다 더 싸고 지저분한 방으로 이사를 해야만 했다. 크리스토프는 약간의 돈이 생기더라도 그 돈을 작품을 만드는 데 써 버렸으므로, 하루 세 끼의 식사는 고사하고 한 끼 식사밖에 할 수가 없었다.

그나마도 딱딱한 빵 한 조각과 커피 한 잔만이 유일한 식사였다.

어느 새 추운 겨울이 다가왔다. 크리스토프는 온몸이 얼어붙는 것만 같아 방 안에 가만히 앉아 있을 수가 없었다. 차라리 밖으로 나가 거리를 쏘다니는 편이 훨씬 나을 것 같았다.

이 날도 크리스토프는 추위와 배고픔을 견디며 루브르 미술관까지 걸어갔다. 크리스토프는 그 곳에서 비틀거리는 발걸음으로 비에 젖은 채 센 강가를 거닐고 있었다. 추위와 배고픔을 견디며 현기증이 일어나서 금방이라도 쓰러질 것만 같았다. 그 때 길 건너편의 수많은 인파 속에서 한 여인의 얼굴이 눈에 들어왔다.

'아니, 저 여인은······?'

크리스토프는 정신을 차리고 그 여인을 뚫어지게 바라보았다. 그 얼굴, 그 눈이 자신을 부르는 것만 같았다.

'분명 어디선가 본 얼굴인데?'

그러나 크리스토프는 그 여인이 누구인지 잘 생각나지 않았다. 그 여인은 독일에서 크리스토프와 함께 연극을 보았다는 이유로 가정교사 자리를 잃고 쫓겨난 바로 그 여인이었다. 그 여인도 크리스토프를 뚫어지게 바라보고 있었다. 그러더니 서둘러 인파를 헤치며, 크리스토프 쪽으로 다가오려고 하였다.

크리스토프도 그 여인을 향하여 발걸음을 옮겼다. 그러나 마차가 두 사람 사이를 계속 지나가는 바람에 쉽게 만날 수가 없었다.

크리스토프는 마차 사이로 급히 뛰어들다가, 마차에 부딪혀 나동그라지고 말았다. 그래도 다시 일어나 위험을 무릅쓰고 길을 건넜지만, 이미 그 여인은 그 곳에 없었다.

크리스토프는 단념한 채 집으로 돌아올 수밖에 없었다. 비에 젖어 있던 크리스토프의 가슴은 마구 뛰고 있었다. 비로소 그 여인이 누구인지 생각났던 것이다.

'아, 그 여인이……'

크리스토프는 꼼짝도 하지 않고 가만히 앉아 있었다. 귓가에서 슈베르트의 미완성 교향곡이 계속 들려왔다. 갑자기 크리스토프는 가슴을 짓누르는 듯한 감정으로, 호흡에 곤란을 느꼈다.

그 때 방문이 조용히 열리면서 촛불을 든 여인이 들어왔다. 크리스토프는 그 여인을 향하여 무슨 말이든 하려고 하였으나, 혀가 움직이지를 않았다. 그러다가 정신을 잃고 말았다.

얼마의 시간이 흐른 뒤, 크리스토프가 눈을 떠 보니 의사와 하녀 시드니가 옆에 서 있었다. 시드니는 친절하게 크리스토프를 보살펴 주었다.

음악회에서

춥고 긴 겨울은 계속되었다. 해가 바뀌고 다음해 3월이 다 지나가도록 크리스토프는 어느 누구와도 만나지 않았다. 또한 루이자가 보내는 편지를 이따금씩 받는 외에는 어느 누구의 편지도 받지 못했다.

그러던 어느 날 아침, 크리스토프는 뜻밖의 편지를 받게 되었다. 그것은 루생 부인이 보낸 음악회의 초대장이었다.

"크리스토프 씨! 꼭 오시기를 바랍니다."

크리스토프는 얼굴을 찌푸리며 절대로 가지 않겠다고 결심하였다. 그러나 정작 음악회 날이 가까워 오자, 크리스토프의 마음은 흔들리기 시작하였다.

워낙 오랫동안 사람들과 이야기도 나누지 못하였고, 또 음악도 듣지 못한 탓인지 음악회에 꼭 가 보고 싶다는 생각이 들었다.

'기분 전환이라도 해 볼까?'

크리스토프는 그날 저녁, 자신의 의지가 약하다는 것에 부끄러움을 느끼면서 음악회에 가기 위하여 서둘러 집을 나섰다. 음악회가 열리고 있는 루생 가로 가 보니, 역시 예상했던 대로 거의 대부분이 저명 인사들뿐이었다.

'이런 음악회라면 올 필요도 없었는데…….'

크리스토프는 이렇게 생각하고, 첫 곡이 끝나는 대로 돌아가야겠다고 마음먹었다. 그런데 첫 곡이 끝나고 크리스토프가 일어나서 막 나가려고 하는데, 문득 누군가 자신을 뚫어지게 바라보고 있다는 느낌을 받았다. 크리스토프는 그쪽으로 눈길을 돌렸다. 스무 살 정도로 보이는 한 청년이 자신을 바라보고 있었다. 청년의 눈빛은 수줍은 듯하면서도 무척 맑았다.

'누구지? 어디서 본 청년일까?'

크리스토프는 청년을 보면서 곰곰이 생각해 보았다. 청년은 몸집은 작고 허약해 보였으나, 기품이 넘쳐흐르는 얼굴을 하고 있었다. 크리스토프는 몇 번이나 생각을 더듬어 보았다.

'저 눈빛은 분명히 낯이 익은데, 도대체 누구일까?'

크리스토프는 일단 그 청년에게 다가섰다. 그러나 무슨 말부터 꺼내야 할지 몰랐다. 청년도 어색한 듯 머뭇거리고 있었다. 이런 어색한 시간이 얼마 동안 흐른 뒤, 크리스토프는 무뚝뚝한 표정으로 불쑥 말을 꺼냈다.

"자네는 파리 사람이 아닌가 보군?"

청년은 뜻밖의 질문에 당황해하면서 그렇다고 대답하였다. 그러자 크리스토프는 얼른 이렇게 덧붙였다.

"나쁜 뜻으로 물어 본 것은 아니니 너무 당황하지 말게."

　그러자 청년은 더욱 당황한 표정을 지으면서 무엇인가 말을 하려고 하였다. 크리스토프는 그것에 상관하지 않고, 더욱 큰 소리로 물었다.

　"그런데 자네는 이런 시시한 친구들 사이에서 도대체 무엇을 하고 있는 건가?"

　그러자 청년이 날카롭게 반문하였다.

　"그럼, 당신은 무엇을 하셨나요?"

　크리스토프는 그 질문에 그저 웃을 수밖에 없었다.

　"나에게 무엇을 했느냐고 물었나?"

　크리스토프가 대답하기 어색하여 이렇게 어물거리자, 청년은 아주 조심스러운 목소리로 이렇게 말하였다.

　"나는 당신의 음악을 좋아해요!"

　청년의 목소리는 떨리고 있었다. 그러더니 한참 있다가 혼잣말처럼 중얼거렸다.

"틀려 먹었어요. 도무지 틀려 먹었다는 말이에요. 말로는 표현할 수 없어요. 여기서는……."

크리스토프는 말없이 미소를 지으면서 청년의 손을 꼭 잡아 주었다.

크리스토프와 청년은 많은 말을 주고받지는 않았지만, 어느 새 오래 전부터 사귀어 온 친구처럼 서로의 마음을 이해할 수 있을 것 같았다.

그 때 루생 부인이 나타나서 크리스토프의 팔을 가볍게 두드리며 말하였다.

"어머, 당신들은 벌써 가까워졌군요. 그럼, 제가 소개할 필요도 없겠군요. 이 청년은 이 음악회에 당신을 보려고 온 거예요."

루생 부인의 말에 청년은 쑥스러움을 느꼈는지, 저만큼 떨어져 있었다. 크리스토프는 루생 부인에게 살짝 물어 보았다.

"저 청년은 누구인가요?"

"네? 그럼 모르고 있었나요? 저 청년의 이름은 올리비에 자낭으로, 아름다운 시를 쓰는 시인이에요. 당신을 열렬하게 숭배하고 있으며, 피아노도 꽤 잘 쳐요. 올리비에 앞에서 당신을 비판하면 큰일나죠! 지난번에도 당신 때문에 레비 쿠르와 심하게 다툴 뻔했어요. 사실은 그날 밤, 레비 쿠르가 당신의 작품을 놓고 꽤 비난을 퍼부었거든요. 그러자 올리비에가 몹시 화가 나서, 갑자기 몸을 부르르 떨면서 일어나더니 이렇게 소리 질렀어요. '자세히도 모르면서 크리스토프의 작품에 대해 함부로 말하지 말아!' 다행히 그 때 제가 그 자리에 있었기 때문에, 두 사람의 다툼을 막을 수 있었지요. 저는 일부러 한바탕 크게 웃어 주었어요. 그러자 레비 쿠르도 따라서 크게 웃었어요. 올리비에도 나중에는 멋쩍은 표정을 짓더니 레비 쿠르에게 사과를 했지요."

이 말을 듣고 크리스토프는 무척 감동하였다.

"그런 일이 있었군요, 부인."

"그래요."

크리스토프는 눈을 돌려 올리비에를 찾았다. 그러나 올리비에는 이미 어디론가 사라진 뒤였다.

크리스토프는 집으로 돌아오는 길에 사람들에게 밀리면서 파리의 거리를 걸었다. 그 때 크리스토프에게는 아무것도 보이지 않았고, 아무 소리도 들리지 않았다. 그 혼잡한 도시가 온통 산으로 둘러싸인 호수처럼 고요하게 느껴졌다. 바람 소리도, 소음도, 사람들이 웅성거리는 소리도 크리스토프에게는 들리지 않았다. 크리스토프는 마음속으로 평온을 느끼면서 이렇게 중얼거렸다.

"나에게도 친구가 있었다!"

크리스토프를 열렬하게 좋아한다는 올리비에 자낭의 집안은, 몇 세기 전부터 전해져 오는 프랑스 전통 가문의 하나였다. 올리비에의 아버지는 은행을 경영하고 있었다. 올리비에에게는 다섯 살 많은 누나가 한 명 있었는데, 누나의 이름은 앙투아네트였다.

앙투아네트는 금발 머리에 작고 갸름한 얼굴을 가진 아름다운 아가씨로, 정숙하면서도 눈은 항상 생기에 넘쳐 반짝이고 있었다. 올리비에는 어릴 때 병을 자주 앓아서인지 몸이 허약했으며, 상상력이 매우 풍부한 편이었다. 앙투아네트가 열여섯 살이 되자, 여기저기에서 청혼이 들어오기 시작했다.

귀족 집안인 보니베 가의 아들도, 열성스러울 정도로 앙투아네트의 집을 드나들었다. 그는 꽤 잘생긴 미남으로 승마도 잘 하였고, 춤도 잘 추었다. 앙투아네트도 그를 싫어하지 않았다. 이따금씩 그가 장난기 섞인 표정으로 쾌활한 농담을 할 때면, 앙투아네트는 자신도 모르게 묘한 감정이 생기기도 하였다.

그렇지만 올리비에는 그를 무척 싫어하였다. 올리비에가 그를 싫어하는 가장 큰 이유는, 그가 자신이 가장 사랑하는 누나를 빼앗아 가려 한다고 생각했기 때문이었다.

그런데 불행하게도 얼마 안 가서 이 집에 큰 문제가 생겼다. 평소에 남을 잘 믿는 아버지가 사기꾼에게 속아 사업에 실패하게 된 것이었다. 그러자 빚쟁이들이 매일 집으로 찾아와, 돈을 돌려 달라고 아우성을 쳤다. 그러던 어느 날, 괴로움을 참다못한 아버지는 스스로 목숨을 끊고 말았다.

올리비에의 아버지가 자살했다는 소문은 삽시간에 퍼져 나갔다. 그러자 빚쟁이들은 더욱 인정사정없이 돈을 돌려 달라고 요구하였다. 어쩔 수 없이 가족들 모두 파리로 피신을 해야만 했다.

파리에 도착한 다음날, 올리비에의 어머니는 부유하게 살고 있는 언니를 찾아갔다. 자리가 잡힐 때까지 언니에게 도움을 청하려고 찾아간 것이었다. 그러나 언니는 몹시 차가운 표정으로, 네 힘으로 자리를 잡으라며 조금도 도움을 주지 않겠다고 말하였다. 어쩔 수 없이 어머니는 방을 얻기 위해 파리의 이곳 저곳을 헤매다가, 간신히 식물원 근처에 있는 5층 방 하나를 얻었다.

몇 주일이 지나자, 집에서 가지고 온 돈은 모두 바닥이 나고 말았다. 그러자 어머니는 일자리를 찾아 매일 발이 부르트도록 쏘다녔다. 그러다가 겨우 어느 수도원의 피아노 교습 자리를 얻었는데, 급료는 적으면서도 일은 많았다. 또 밤에는 대신 글을 써 주는 일도 하였다.

어머니는 전부터 심장병으로 고생을 하고 있었는데, 파리에 온 뒤로는 더욱 악화되었다. 앙투아네트는 마음이 아파서, 어머니에게 자기가 대신 일을 하겠다고 말하였다.

"앙투아네트, 너에게까지 그런 일을 시킬 수는 없다!"

그러나 어머니의 수입만으로는, 세 식구가 먹고 살기엔 너무 힘이 들었다.

헤어지는 남매

할 수 없이 어머니는, 마지막으로 지니고 있던 보석을 팔기로 결심하였다. 그러고 나서 사흘 후에, 어머니는 여느 때처럼 일을 마치고 집으로 돌아왔다. 그 날 따라 날씨는 무척 더웠다. 무더운 열기는 사람들의 가슴을 헉헉거리게 만들었다.

어머니는 집으로 돌아오면서 저녁 식사 시간이 많이 지난 뒤라, 앙투아네트와 올리비에를 걱정하였다. 집에 돌아왔을 때, 어머니는 먼 길을 급히 걸어왔기 때문에 많이 지쳐 있었다. 그러나 아무런 내색도 하지 않고, 남매와 함께 나란히 식탁에 앉았다.

그런데 얼마 후, 어머니는 갑자기 두 손을 부르르 떨더니, 식탁을 붙잡고 괴로운 듯이 얼굴을 찡그렸다.

"어머니, 왜 그러세요?"

"어머니!"

앙투아네트와 올리비에는 깜짝 놀랐다. 잠시 후, 어머니는 앙투아네트와 올리비에를 똑바로 바라보면서 신음 소리를 내고는, 힘없이 쓰러지고 말았다.

"어머니!"

앙투아네트와 올리비에는 황급하게 어머니에게 달려들었다. 그러다가 올리비에가 방문을 열고 소리를 질렀다.

"도와주세요! 누가 좀 도와주세요!"

그러자 문지기 여자가 급하게 계단을 뛰어 올라왔다. 문지기 여자는

상황을 보더니,

"저런, 큰일났군!"

하고 말하고는 곧 의사를 불러 주었다. 잠시 후에 의사가 왔지만, 어머니는 이미 세상을 떠난 뒤였다.

"이미 늦었습니다."

의사는 체념한 듯 이렇게 말하였다. 그 뒤 앙투아네트는 어머니의 뒤를 이어, 수도원의 피아노 교사가 되었다. 앙투아네트는 오로지 한 가지 생각밖에 하지 않았다.

'올리비에를 고등 사범 학교에 입학시켜야 해. 꼭 훌륭한 사람으로 만들어야 해!'

일단 올리비에가 고등 사범 학교에 들어가기만 하면, 일생 동안 별 염려하지 않아도 될 것이라고 앙투아네트는 생각하였다.

'그래, 고등 사범 학교에 들어가기만 하면, 올리비에의 미래는 보장받게 될 테지. 그 때까지는 무슨 일이 있어도 참아야 한다.'

앙투아네트는 무슨 일을 해서든지, 이 결심을 꼭 지켜야 한다고 굳게 마음먹었다. 이러한 결심은 앙투아네트에게 큰 용기를 주었고, 희망을 갖도록 해 주었다. 앙투아네트는 어떠한 어려움이나 수모, 굴욕도 다 감수하겠다고 다짐하였다. 앙투아네트는 몇몇 집의 가정교사를 하면서 무척 바쁜 나날을 보냈다. 어떤 집에서는 앙투아네트를 마치 하녀 대하듯 했지만, 그래도 올리비에를 위하여 묵묵히 참아야만 하였다.

앙투아네트는 입고 싶은 옷이 있어도 사지 않았고, 먹고 싶은 음식이 있어도 먹지 않으면서 올리비에에게 최대한의 정성을 쏟았다. 그리고 그런 힘겨운 생활 속에서도 조금씩이나마 저축을 하여 피아노 한 대를 빌렸다.

음악은 앙투아네트와 올리비에에게 현실의 고통을 잊게 해 주는, 낙

원과도 같은 것이었다. 올리비에와 앙투아네트는 음악에 대한 천부적인 재능을 갖고 있었다. 올리비에가 피아노를 치면, 앙투아네트는 그 옆에 앉아 피아노 선율에 귀를 기울이면서 행복했던 추억에 잠기고는 하였다. 그러던 중에 드디어 올리비에의 고등 사범 학교 입학 시험 날짜가 닥쳐왔다.

"올리비에, 꼭 합격해야 한다!"

앙투아네트는 올리비에가 고등 사범 학교에 합격할 수 있도록 간절히 기도하였다.

"올리비에는 부지런하고, 똑똑한 학생이지!"

"올리비에는 꼭 합격할 거야!"

선생님들은 한결같이 올리비에의 성실함과, 우수한 실력을 칭찬하였다. 그러나 주위 사람들의 기대와 찬사가 오히려, 올리비에에게 마음의 부담을 주었는지, 평소의 실력을 발휘하지 못했다. 결국 입학 시험에 실패하자, 올리비에는 깊은 충격을 받았다. 앙투아네트는 마음속으로는 무척 실망했으나, 겉으로는 아무렇지도 않은 듯한 표정을 지으며 올리비에를 위로해 주었다.

"올리비에, 이번에는 운이 나빴나 보구나! 내년에는 틀림없이 좋은 성적으로 입학할 수 있을 거야!"

그러나 이 말을 하는 앙투아네트의 입술은 떨리고 있었다. 앙투아네트는 올리비에가 이번에 꼭 합격해 주기를 간절히 바라고 있었다. 그것은 앙투아네트 자신에게 있어서도 꼭 필요한 것이었다. 그러나 할 수 없이 1년을 더 기다리면서, 올리비에를 위하여 더 열심히 일하는 수밖에 없었다.

그러던 어느 날, 앙투아네트는 어떤 부인의 소개로 독일에서 가정교사 자리를 얻게 되었다. 이 일은 매우 결심하기 어려운 일이었으나, 돈을 벌기 위해서는 어쩔 수가 없는 일이었다.

앙투아네트는 이제까지 단 하루도, 올리비에와 떨어져서 생활한 적이 없었다. 올리비에도 앙투아네트와 떨어져서 혼자 살아 가야만 한다는 것이 무척 두렵게 느껴졌지만, 아무 말도 할 수 없었다. 그저 마음속으로,

'모두 나 때문이야.'

라고 생각하며 괴로워할 뿐이었다.

드디어 앙투아네트와 올리비에가 이별할 시간이 다가왔다. 앙투아네트는 간신히 눈물을 참고, 올리비에한테 앞으로의 일을 단단히 일러 주었다.

"올리비에, 만일 무슨 일이 생기면 바로 연락해야 한다. 알았지?"

"누나도 몸조심해."

앙투아네트는 올리비에를 뒤로 하고, 독일로 향하는 기차에 올라탔다. 기차가 서서히 움직이기 시작하자, 앙투아네트는 새로운 세계에 대한 두려움으로 바짝 긴장이 되었다.

앙투아네트의 모습은 예전과 너무나 달라져 있었다. 행복했던 시절의 앙투아네트는, 늘 명랑하게 웃으며 밝게 재잘거리는 소녀였다. 그러나 그 시절이 끝남과 동시에 그런 행복한 웃음은 연기처럼 사라지고 말았다.

불행은 끝없이 앙투아네트를 따라다니며, 세상을 미워하고 사람을 싫어하도록 만들었다. 앙투아네트는 올리비에 이외에는 어느 누구와도 좀처럼 이야기를 나누지 않았다.

그러나 이제부터는 낯선 외국인의 집에서 그들과 함께 지내면서 이야기를 해야 하고, 늘 그들의 주시를 받으면서 생활해야만 했다.

'그래도 참아야 해. 사랑하는 올리비에를 위해서 참고 견뎌야 해!'

앙투아네트는 괴로운 마음을 스스로 달래었다. 독일에 도착한 앙투아네트는 그류네바움 가의 아들에게 프랑스 어를 가르치기 시작하였다. 그러나 그류네바움 가의 사람들은, 앙투아네트에게 약간의 친절이나 호의도 보이지 않았다.

그뿐만 아니라, 조금도 예절을 지키지 않았으며 늘 냉정하게 대하였다. 또한 앙투아네트가 머물 방조차 마련해 놓지 않아서, 아이들 방에 칸막이를 막아 놓고 지내야만 했다. 칸막이로 막아 놓은 문은 언제나 열려 있었다.

이런 생활 속에서 앙투아네트가 행복을 느끼는 시간은, 오로지 올리비에와 편지로 이야기를 주고받을 때뿐이었다. 그래서 앙투아네트는 바쁜 일과 속에서도, 올리비에에게 마음을 전할 시간을 꼭 만들려고 애를 썼다. 그러나 그류네바움 사람들은 그 시간마저도 허락하지 않았다. 앙투아네트가 편지를 쓰기 시작하면 주위를 기웃거리며 이렇게 물었다.

"무슨 글이지요?"

"아, 편지군요!"

또, 쓰다 만 편지를 방에 놓아 두면 누군가가 꼭 읽어 보곤 하였다.

'남의 편지를 읽다니! 교양 없는 사람들이로군.'

하지만 앙투아네트는 이렇게 마음속으로만 생각할 뿐, 말은 하지 못했다. 앙투아네트는 올리비에에게 될 수 있는 대로 매일, 하다못해 단 몇 줄이라도 편지를 썼다. 올리비에도 거의 매일 편지를 보내 주었다.

올리비에는 앙투아네트의 편지를 보면서 마음을 단단히 먹고, 슬픔을 참아 보려고 애를 썼다. 그래도 너무나 외롭고 쓸쓸하였다. 마치 자신의 절반을 잃어버린 것 같은 허전함이 몰려왔다. 그러나 앙투아네트와 올리비에는 편지를 주고받으면서 서로를 위로하고 격려하였다.

그러던 어느 날, 앙투아네트가 머물고 있는 마을에 프랑스 극단이 순

회 공연을 왔다. 앙투아네트는 연극을 통해 잠시라도 고국을 느껴 보고
싶어서, 들뜬 마음으로 극장에 갔다. 그러나 입장권은 이미 매진이었다.

앙투아네트가 미련을 버리지 못하고 극장 앞을 서성이고 있을 때, 우
연히도 크리스토프가 다가와 연극을 함께 관람하자고 말하였다. 앙투아
네트는 크리스토프의 태도가 진실해 보여서, 함께 극장에 들어가 연극
을 관람하였다. 그런데 이 일로 인해 그류네바움 사람들은 화를 내면서,
앙투아네트를 해고하고 말았다.

어떤 연주회

앙투아네트는 이런 일을 겪고서도 크리스토프를 미워하거나 원망하지
않았다.

'크리스토프라는 사람은 순수하고 진실해 보였어.'

앙투아네트는 이렇게 생각하면서 크리스토프를 마음속으로 그려 보았다. 앙투아네트는 크리스토프를 비난하는 사람들과 달리, 오히려 그의 호의에 고마움을 느끼고 있었다.

그런데 정말 우연한 사건이 일어났다. 앙투아네트가 마을을 떠나기 위해 기차를 타고 한 시간쯤 달려서 어느 역에 닿았을 때, 반대쪽으로 가는 기차 안에 있는 크리스토프와 마주치게 된 것이다.

단 몇 분 동안 나란히 선 기차의 차창을 통하여 크리스토프와 앙투아네트는 서로의 얼굴을 발견하고 깜짝 놀랐다. 크리스토프와 앙투아네트는 말을 주고받지는 못했지만, 기차가 사라질 때까지 서로에게서 시선을 떼지 않았다. 앙투아네트는 이 뜻밖의 만남으로, 크리스토프라는 존재를 마음속 깊이 간직하게 되었다.

앙투아네트는 프랑스로 돌아오기를 정말 잘했다는 생각이 들었다. 그때 마침 올리비에가 몸이 아파서 괴로워하고 있었기 때문이었다. 올리비에는 앙투아네트가 걱정할까 봐 일부러 알리지 않고 있었는데, 뜻밖에 돌아온 그녀를 보고 깜짝 놀랐다.

"올리비에, 아프면 곧장 연락을 해야지. 그래, 얼마나 힘들었니?"

"아니야, 곧 괜찮아질 거야. 누나가 걱정할까 봐 일부러 연락하지 않았어."

"그래도 알려야지……."

앙투아네트는 올리비에의 이마를 손으로 짚으며, 걱정스러운 표정으로 말했다. 사실, 올리비에는 앙투아네트가 돌아와 주기를 간절히 바라고 있었지만 연락을 할 수 없었다. 그래서 마음속으로나마 어떤 기적이 일어나, 앙투아네트가 돌아와 주었으면 좋겠다고 생각하고 있던 참이었다. 그런데 정말 기적이 일어난 것이다.

올리비에는 그 후 계속 열이 높아지면서 말하기도 힘이 들 정도였다. 앙투아네트는 잠시도 올리비에의 곁을 떠나지 않고, 정성껏 보살펴 주었다. 그러자 올리비에는 차츰 기운을 회복하였다. 병이 나은 올리비에는 앙투아네트에게 다시는 헤어지지 않겠다고 말하였다.

"그래, 다시는 헤어지지 말자. 언제까지나 네 곁에 있어 줄게."

앙투아네트와 올리비에는 흐느껴 울면서 이렇게 약속하였다. 그 후, 올리비에는 걱정스러운 듯이 몇 번이나 앙투아네트에게 당부하였다.

"누나, 다시는 멀리 가지 마!"

"그래, 알았어!"

앙투아네트도 다시는 올리비에의 곁을 떠나지 않겠다고 다짐하였다.

'애들아, 무슨 일이 있어도 헤어지면 안 된다.'

앙투아네트는 어머니가 생전에 당부하시던 말씀이, 더욱 가슴에 와 닿았다. 앙투아네트는 올리비에와 함께 지낼 방을 서둘러 구하였다. 앙투아네트가 어느 출판사로부터 자신의 독일어 번역 책을 내주겠다는 약속을 받았기 때문에 얼마간의 돈도 생기게 되었다.

이제 올리비에가 고등 사범 학교에 합격만 한다면, 모든 일이 순조로워질 것이라고 생각되었다.

드디어 시험날이 되었다. 이번에 올리비에는 필기 시험은 물론, 면접 시험도 꽤 잘 치렀다. 발표날이 되자, 앙투아네트와 올리비에는 학교로 갔다. 학교 운동장에 합격자 명단이 붙어 있었다.

"누나, 저기 내 이름이 있어. 합격이야!"

"어디? 오, 하느님!"

분명히 올리비에 자낭이라는 이름이 합격자 명단 속에 들어 있었다. 앙투아네트도 올리비에도, 처음에는 너무나 기뻐서 아무 말도 하지 못했다.

"올리비에, 정말 장하다!"

"누나, 고마워!"

그러나 올리비에가 학교 기숙사에 들어가게 되어, 두 사람은 또 헤어져야만 했다. 앙투아네트는 올리비에의 짐을 정성껏 챙겨 주었다. 얼마 남아 있지 않은 돈도 올리비에를 위해 모두 써 버렸다. 그러면서 앙투아네트는 이번 일이 올리비에를 위하여, 자신이 해 줄 수 있는 마지막 일이 되지 않을까 하는 이상한 예감에 사로잡혔다.

드디어 올리비에가 기숙사로 들어가는 날이 되었다.

"올리비에, 이번 작별은 슬픈 일이 아니라 기쁜 일이니까, 우리 웃으면서 헤어지자."

"응, 그래."

그러나 이번에도 두 사람의 마음은 몹시 아팠다. 앙투아네트는 헤어지기가 힘들어서 올리비에를 학교 앞까지 데려다 주었다.

"건강해야 한다, 올리비에!"

"누나도 건강하게 지내야 해!"

"내 걱정은 마."

그 후, 앙투아네트는 또다시 외톨이가 되었다. 앙투아네트는 애써 슬픔을 극복하고, 독서, 음악 같은 것에 몰두하려고 노력하였다. 그러나 어느 것도 앙투아네트의 슬픈 마음을 달래 주지는 못했다. 더욱이 예전처럼 올리비에를 위해 어떤 일을 꼭 해야겠다는 마음이 없어진 탓인지, 무슨 일을 해도 힘겹게 느껴졌다.

앙투아네트는 언제부터인지 자신의 몸 안에 나쁜 변화가 일어나고 있음을 알았다. 앙투아네트는 세상과 이별을 해야 할 날이 얼마 남지 않았음을 알게 되었다. 그러나 올리비에는 전혀 그것을 눈치채지 못했다. 올리비에는 새로운 학교 생활에 흥미를 느끼자, 차츰 앙투아네트에게 소홀해지기 시작하였다. 이렇게 올리비에가 앙투아네트의 고통을 눈치채지 못한 것처럼, 앙투아네트도 올리비에가 무슨 생각을 하고 있는지 전혀 알지 못했다.

'올리비에가 차츰 나에게서 멀어져 가는 것 같아.'

단지 마음속으로 이렇게 생각할 뿐, 그렇다고 올리비에를 나무랄 수는 없었다. 앙투아네트는 가끔씩 집으로 찾아와, 이것 저것 이야기하는 올리비에가 대견스럽게 여겨졌고, 그 시간이 앙투아네트의 유일한 즐거움이 되었다.

그러던 어느 날, 앙투아네트는 올리비에와 함께 연주회를 구경하러 갔다. 앙투아네트는 자리에 앉자마자, 연주자의 모습을 보고 그만 소스라치게 놀라고 말았다. 앙투아네트는 피로했기 때문에 그 모습을 확실하게 볼 수는 없었지만, 그가 누구인지는 한눈에 알 수 있었다.

"아, 크리스토프가 틀림없어!"

앙투아네트는 두근거리는 가슴을 진정시키고, 무대 위의 크리스토프를 뚫어지게 바라보았다. 지휘대에 선 크리스토프의 표정은, 감정을 억제하고 있는 것처럼 보였다.

처음부터 청중들의 그릇된 악의 속에서 무대에 오른 크리스토프는, 일부러 지루한 표정을 짓고 있는 청중들을 상대로 연주를 시작하였다. 그러나 잠시 후, 몇 명의 사람들이 크리스토프를 향하여 욕설을 퍼붓기 시작하였다. 그러자 다른 사람들도 덩달아 재미없다는 듯이 큰 소리로 소란을 피웠다.

묵묵히 연주를 하고 있던 크리스토프는 결국 연주를 중단하고 말았다. 그는 청중들을 향하여 경멸하는 표정을 지으면서, 〈마르블루가 싸움터로 나가다〉라는 대중 가요를, 마치 어린아이가 장난삼아 피아노를 치듯 연주했다. 그리고는 소란을 떠는 청중들에게,

"여러분에게는 이런 노래가 안성맞춤이오!"

하고 말하더니 무대를 떠나 버렸다. 청중들은 크리스토프의 태도가 무례하다며 마구 소리를 질렀다.

"사과하라! 나와서 사과하라!"

앙투아네트는 이런 광경을 보고, 괴롭고 슬퍼져서 몸을 가눌 힘조차 없어졌다. 앙투아네트는 크리스토프에게 용기를 줄 수 있는 말을 해 주고 싶었으나, 마치 악몽에 시달릴 때처럼 몸이 말을 듣지 않았다. 그러다가 올리비에의 목소리를 듣고, 조금이나마 안정을 찾을 수 있었다.

올리비에는 앙투아네트의 마음속에서 무슨 일이 일어났는지를 전혀 알지 못했으나, 앙투아네트와 마찬가지로 어떤 슬픔과 억제할 수 없는 분노를 느꼈다.

올리비에는 크리스토프의 연주를 듣는 순간, 지금까지 경험해 보지 못한 어떤 미묘한 감동에 사로잡혔다. 올리비에는 크리스토프의 연주를 들으며, 작은 목소리로 되풀이해서 중얼거리고 있었다.

"아, 정말 멋진 음악이다!"

그러다가 갑자기 뜻밖의 소란이 일어나자, 올리비에는 자신도 모르게 벌떡 일어나서 큰 소리로 외쳤다.

"크리스토프의 음악은 정말 훌륭하다!"

올리비에는 크리스토프에게 야유를 보내는 사람들을 향하여, 항의하듯 더욱 큰 소리로 외쳤다. 그러나 올리비에의 목소리는 많은 사람들의 야유 소리에 묻혀 버리고 말았다. 앙투아네트는 올리비에의 팔을 잡아당기면서 말하였다.

"올리비에, 어서 집으로 가자! 이런 사람들은 정말 꼴도 보기 싫구나!"

앙투아네트의 죽음

그로부터 며칠이 지난 어느 날이었다. 올리비에는 어느 서점에서 우연히, 크리스토프의 작품집을 발견하였다.

"아니, 저것은 크리스토프의 작품집이잖아!"

올리비에는 머뭇거리지 않고, 그 작품집을 사서 앙투아네트에게 가져다 주었다. 작품집을 천천히 넘겨 보던 앙투아네트는, 어떤 곡의 첫 부분에 적힌 헌사를 발견하였다.

"독일어로군!"

앙투아네트는 이렇게 중얼거리면서 그 헌사를 읽어 보았다.

나 때문에 희생을 당한 어느 어여쁘고 가련한 여인에게!

그 밑에는 날짜도 적혀 있었다. 앙투아네트는 금세 이 헌사가 자신을 향한 것이라는 걸 알고, 격렬한 마음의 동요가 일어나서 더 이상 작품집을 넘길 수가 없었다.

앙투아네트는 올리비에에게 그 작품을 연주해 달라고 부탁하였다. 그러자 올리비에는 이 새로운 곡에 도취되어 앙투아네트의 감정도 눈치채지 못한 채 계속해서 연주를 하였다. 앙투아네트는 깊은 감동을 느끼며 그 곡을 음미하였다.

그날 밤, 앙투아네트는 밤이 깊도록 몇 번이나 그 곡의 음표를 하나하나 쳐 보았다. 사실 쳐 보는 것이 아니라, 그 곡을 읽고 있었던 것이었다. 앙투아네트는 달콤하고도 애달픈 몽상으로, 자기 자신을 잊고 그날 밤을 꼬박 새웠다.

날이 밝자, 앙투아네트는 머리를 식히기 위하여 밖으로 나갔다. 그런데 그 날 뜻밖에도 앙투아네트는, 길 건너편에서 힘없이 걷고 있는 크리스토프를 발견하였다. 그 때 순간적으로 크리스토프도 앙투아네트를 바라보았다. 앙투아네트는 자신도 모르게 크리스토프를 향해 발길을 옮겼다. 그러자 크리스토프도 길 한복판으로 뛰어들면서, 앙투아네트가 있는 곳으로 오려고 하였다.

그러나 수많은 인파는 앙투아네트를 지푸라기처럼 밀어붙이고 말았다. 앙투아네트는 인파에 밀리지 않으려고 안간힘을 썼지만, 모두 헛수고였다. 결국 크리스토프는 인파 속으로 사라지고 말았다. 집에 돌아온 앙투아네트는 모자와 장갑을 벗을 기운조차 없었다.

"크리스토프를 만났어야 하는데. 그와 한 번만이라도 이야기를 할 수 있다면……."

앙투아네트는 크리스토프와 만나지 못한 것이 너무나 아쉽게 느껴졌다. 그러나 앙투아네트는 곧 밝은 표정이 되었다. 앙투아네트는 서둘러 램프를 밝히고, 하얀 종이 위에 크리스토프를 향한 마음의 편지를 쓰기 시작하였다. 그러나 너무 흥분한 나머지, 자신이 무엇을 쓰고 있는지조차 분명하게 알 수가 없었다. 그저, 크리스토프의 이름을 반복하여 부르거나, 아니면 크리스토프를 좋아한다거나 존경한다고 고백하는 식의 내용이었다.

앙투아네트는 아주 오랫동안 그렇게 편지를 썼다. 겨우 정신을 가다듬고 일어났을 때는 이미 한밤중이 되어 있었다. 앙투아네트는 책갈피 사이에 그 편지를 끼워 놓았다. 그러고 나서 잠자리에 들었다.

다음 날 학교에서 돌아온 올리비에는 앙투아네트가 자리에 누워서 헛소리를 하고 있는 것을 발견하였다.

"누나, 왜 그래?"

올리비에는 급히 의사를 불렀다.

"아, 급성 폐결핵이오!"

의사는 이렇게 말하면서 너무 늦은 것 같다고 한숨을 쉬었다. 앙투아네트는 시간이 갈수록 숨쉬기조차 괴로운 것처럼 보였으나, 짜증을 내거나 신경질을 부리지도 않았다. 오히려 체념한 듯이 조용한 미소를 지으며, 주위 사람들과 방 안에 있는 여러 가지 물건들을 물끄러미 바라볼 뿐이었다. 그러면서도 자주 올리비에의 이름을 부르곤 했는데, 입술만 움직일 뿐 밖으로 소리가 나오지 않았다. 그러다가 올리비에에게 얼굴을 가까이 댔다. 그러나 앙투아네트는 올리비에의 얼굴을 물끄러미 바라볼 뿐, 아무 말도 하지 않았다. 그러더니 이번에는 몸을 일으켜 달라는 손짓을 하였다. 그래서 올리비에가 앙투아네트를 안아 일으키자,

"아, 올리비에! 불쌍한 올리비에……!"

하고 힘없이 말하더니, 자신의 목걸이를 올리비에의 목에 걸어 주었다. 그리고는 다시 힘없이 말하였다.

"나는 행복해! 더 이상 바랄 것이 없어……."

그러고 나서 앙투아네트는 혼수 상태에 빠지고 말았다. 의식이 점점 흐려지고 있을 때, 앙투아네트의 입술은 무슨 노래를 부르는 것같이 움직였다. 앙투아네트의 눈에는 눈물이 가득 고여 있었다. 올리비에는 그들이 어릴 때 함께 즐겨 부르던 노래가, 앙투아네트의 입술 사이로 가느다랗게 흘러나오는 것을 들었다.

나 다시 돌아오리. 사랑하는 사람아!
나 다시 돌아오리라…….

마침내 앙투아네트는 세상을 떠나고 말았다.

장례식을 마친 올리비에는 앙투아네트가 살던 집에서 계속 살 수 있

는 형편이 못 되었으므로 다락방을 얻어 이사를 하였다.

어느 날, 올리비에는 앙투아네트가 남기고 간 책을 천천히 넘겨 보았다. 그러다가 우연히 한 장의 종이 위에 써 놓은, 앙투아네트의 글을 발견하고 몹시 감동하였다.

올리비에! 사랑하는 나의 동생…….

그 뒤로 올리비에는 앙투아네트가 가지고 있던 책의 책장을 하나하나 꼼꼼하게 넘겨 보았다. 그러다가 마침내, 앙투아네트가 크리스토프를 생각하며 쓴 편지를 발견하였다.

"아! 이건 크리스토프에게…….”

올리비에는 너무나 놀랐다. 비로소 올리비에는 앙투아네트의 마음속에 숨겨 두었던 작은 사랑을 알게 된 것이었다. 앙투아네트는 올리비에에게 한 번도 크리스토프를 본 적이 있다는 사실을 이야기한 적이 없다. 그런데 올리비에는 편지에 씌어진 내용을 보고, 앙투아네트와 크리스토프가 독일에서 만난 적이 있다는 사실을 알게 되었다. 그리고 앙투아네트의 마음속에 크리스토프에 대한 사랑의 씨앗이 싹트고 있었음을 알게 되었다.

올리비에는 전에도 크리스토프의 독창적이고 멋진 음악을 좋아하고 있었는데, 이러한 사실을 알게 되자 더욱 크리스토프가 가깝게 느껴졌다. 올리비에는 그 날로부터 모든 수단을 동원하여, 크리스토프를 찾기 시작했다.

그러나 크리스토프는 그 연주회의 실패 이후로 어떤 곳에도 나타나지 않았다. 올리비에의 머릿속에는 크리스토프를 만나고 싶다는 생각으로 가득 찼다.

그러던 어느 날, 올리비에는 루생 가에서 열린 음악회에 갔다가 드디어 크리스토프를 만나게 되었던 것이다.

올리비에와 크리스토프

"오, 친구를 만나러 가야지!"

루생 가에서 음악회가 열린 다음 날 아침, 크리스토프는 눈을 뜨자마자 이런 생각을 하였다. 사람을 방문하기에는 꽤 이른 시간이었지만, 급한 마음에 서둘러 집을 나섰다.

올리비에는 생 주느비에브 언덕 기슭에 있는 식물원 근처에 살고 있었다. 크리스토프는 올리비에가 살고 있는 다락방까지 순식간에 올라갔다. 크리스토프의 뜻밖의 방문에 놀란 올리비에는, 아무 말도 하지 못하고 있다가 간신히 입을 열었다.

"아니! 당신이 여기까지 어떻게……."

크리스토프는 아무 말도 없이 빙그레 웃고는 무작정 방 안으로 들어갔다. 그러자 올리비에가 또다시 물었다.

"당신은 정말 나를 만나러 오신 건가요?"

올리비에의 목소리는 너무나 감격하여 가늘게 떨리고 있었다.

"물론이네. 자네를 만나고 싶어 이렇게 서둘러 왔다네. 아무래도 자네가 나를 찾아오지는 않을 것 같다는 생각이 들어서 말이야."

"정말 그렇게 생각하셨나요? 그렇다면 잘못 생각하신 거예요."

"그럼, 왜 나를 찾아오지 않았지?"

"너무 가슴이 벅차서 그만……."

크리스토프는 온화하고 부드러운 눈으로, 약하고 순진해 보이는 올리비에의 얼굴을 천천히 살펴보았다.

크리스토프는 올리비에에게 학교 생활에 관한 이야기 등 여러 가지를 물었다. 또한 방 안을 거닐어 보기도 하고, 여러 가지 물건들을 살펴보기도 하였다.

문득 피아노 앞에서 걸음을 멈춘 크리스토프는, 얼마 동안 건반을 두드려 보다가 올리비에에게 말하였다.

"피아노를 한 번 쳐 보지 않겠나?"

"저에게 피아노를 쳐 보라고요? 당신 같은 분 앞에서 제가 어떻게……."

"괜찮네. 루생 부인은 자네가 훌륭한 음악가라고 칭찬하더군. 자, 멋지게 한 곡 쳐 보게!"

크리스토프가 너무나 진지한 목소리로 이렇게 말하자, 올리비에는 어쩔 수 없다는 듯이 한숨을 쉬고는 피아노 앞에 앉았다. 한동안 망설이던 그는 드디어 모차르트의 나단조 아다지오를 치기 시작하였다.

처음에는 긴장한 탓인지 손가락에 힘이 없었다. 그러나 조금씩 손가락에 힘이 솟아오르면서 점차 생기에 넘치는 연주를 할 수 있었다.

크리스토프는 올리비에의 연주를 통하여, 수줍음 속에서도 강하게 불타오르는 정열을 느낄 수 있었다. 그러나 곡이 거의 끝나갈 무렵이 되자, 애끓는 사랑의 소나타처럼 감정이 고조되어 올리비에는 더 이상 연주를 할 수가 없었다. 올리비에의 연주 모습을 지켜보고 있던 크리스토프는, 올리비에를 끌어안듯이 하면서 곡을 끝까지 연주할 수 있도록 거들어 주었다.

"이것으로 자네의 정신적인 음색을 알게 되었네!"

그러면서 크리스토프는 한참 동안 올리비에의 얼굴을 바라보더니, 이렇게 말하였다.

"참, 이상해. 자네의 눈빛을 보면, 아주 오래 전부터 자네를 잘 알고 있었던 것 같은 느낌이 드니 말이야."

크리스토프의 이 말을 듣는 순간, 올리비에의 입술은 바르르 떨렸다. 올리비에는 앙투아네트의 이야기를 하려다가 그냥 입을 다물었다. 크리스토프는 계속 올리비에를 뚫어지게 바라보더니, 아무 말도 하지 않고 집으로 돌아갔다.

그런 일이 있은 후에 크리스토프와 올리비에는 한 방에서 같이 살게 되었다. 몽차르나스의 단펠 광장 옆에 있는 낡은 건물에 방을 얻었는데, 6층이었기 때문에 창문을 통해 먼 곳에 있는 풍경까지도 바라볼 수가 있었다.

크리스토프와 올리비에가 함께 지낸 지도 어느 새 두 달이 지났다. 그러던 어느 날, 올리비에가 자리에 눕고 말았다.

"추워요."

크리스토프는 인자한 어머니와 같이, 정성껏 올리비에를 간호해 주었다. 그러다가 문득 올리비에의 목에 걸려 있는 목걸이를 보게 되었다. 크리스토프는 올리비에에게 무슨 목걸이인지 물어 보았다. 그러자 올리비에는 얼굴을 붉히며 이렇게 말하였다.

"이건 누나의 유물이에요. 저에게 단 한 명뿐이었던 앙투아네트 누나가 세상을 떠날 때 저에게 준 것이에요."

올리비에에게서 앙투아네트라는 이름을 듣는 순간, 크리스토프는 가슴이 철렁 내려앉는 것만 같았다.

"앙투아네트라고?"

크리스토프는 자신 때문에 해고를 당한, 뇌리에서 지워지지 않는 한 여인의 얼굴이 떠올랐다.

"앙투아네트 자낭! 그럼, 앙투아네트가 자네의 누나였다는 말인가?"

올리비에는 슬픈 듯이 미소 지었다.

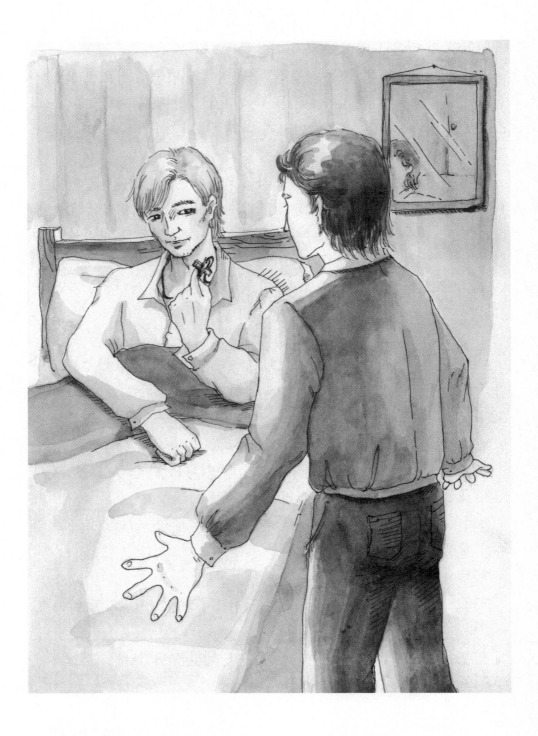

"아! 그렇다면 혹시, 자네 누나가 독일에 있었던 적이 있나?"

올리비에는 대답 대신 고개를 끄덕였다. 크리스토프는 올리비에의 손을 덥석 잡으며 감격스럽게 말하였다.

"나는 자네 누나를 만난 적이 있네."

"알고 있어요."

"그런데 왜 나에게 한 번도 말하지 않았지?"

그 때 올리비에의 눈이 반짝였다. 그 반짝이는 눈빛을 통하여 앙투아네트의 모습이 보이는 것만 같았다.

"저는 당신이 먼저 말해 주기를 기다리고 있었어요."

크리스토프와 올리비에는 한동안 아무 말도 하지 못했다. 그러다가 올리비에가 먼저, 앙투아네트와 함께 한 행복했던 순간에 대하여 말하기 시작하였다. 그러나 올리비에는 앙투아네트가 마음속 깊이 간직하고 있던 비밀만은 이야기하지 않았다.

그 후로 앙투아네트의 영혼이 크리스토프와 올리비에를 더욱 가깝게 만들어 주는 것만 같았다. 두 사람은 서로의 마음을 되도록 편안하게 해 주려고 노력하였다.

그러나 두 사람이 함께 살기 시작하면서, 생활은 점점 더 어려워졌다. 크리스토프는 가끔 악보를 베끼는 일과 편곡 일을 하면서 약간의 수입을 올리고 있을 뿐이었고, 올리비에는 적성에 맞지 않는다며 교사직을 그만두었기 때문이었다.

크리스토프와 올리비에는 서로를 아껴 주었으나, 때로는 서로 이해하기 어려운 부분도 생겼다. 그래서 상대방의 기분을 상하게 하는 일도 있었다. 그러나 그럴 때마다 올리비에의 눈에는 앙투아네트의 모습이 떠올랐다. 그러면 다시 그들은 서로를 아껴 주는 사이가 되었다.

"인간에게 오해라는 것은 항상 있게 마련이지. 하지만 제3자가 끼어

들지 않는 한 그 오해는 결코 심각해지지 않네. 그런데 불행히도 제3
자가 반드시 끼어들거든. 그것이 바로 인생이지."

크리스토프는 이렇게 올리비에를 위로해 주었다. 올리비에도 크리스
토프가 피아노 교습을 위해 드나들던 스토뱅 가 사람들과 잘 아는 사이
였다. 크리스토프가 스토뱅 가에서 올리비에를 만나지 못했던 것은, 그
당시 올리비에가 앙투아네트의 죽음으로 슬픔에 잠겨서 누구와도 만나
지 않았기 때문이었다.

그 때 올리비에는 코레트를 좋아하고 있었다. 또한 코레트도 올리비
에를 좋아하고 있었으나, 애써 올리비에를 만나려고 하지는 않았다.

'슬픔에 잠겨 있는 사람은 정말 싫어!'

이렇게 생각한 코레트는 올리비에가 슬픔에서 벗어나기를 기다리고
있었다. 얼마 후에 올리비에의 슬픔이 어느 정도 가라앉자, 코레트는 대
담하게도 자기 쪽에서 먼저 올리비에를 초대하였다. 올리비에는 뜻밖의
초대에 기쁜 마음으로 응했다. 올리비에는 이 일에 대하여 크리스토프
에게 솔직하게 말하였다.

"이제부터 스토뱅 가에 드나들겠어요."

크리스토프는 이 말에 어깨를 약간 움츠려 보이더니, 이내 장난기 섞
인 목소리로 말하였다.

"그래! 기분 전환도 할 겸 가 보는 게 좋지."

코레트는 크리스토프와 올리비에 사이를 알게 된 다음부터, 올리비에
를 더욱 가까이하였다. 그러면서 올리비에를 통하여 크리스토프와 가까
이 지내게 된 이유를 알고 싶어했다. 사실 코레트는 크리스토프가 자신
에게 관심을 보이지 않자, 앙심을 품고 있었다. 그래서 크리스토프를 골
탕 먹일 수 있는 기회가 오기를 기다리고 있었다.

일단 코레트는, 올리비에를 달콤한 말로 유혹하여 아주 손쉽게 자기

편으로 만들었다. 그런 다음, 올리비에에게 크리스토프와 가까워진 내력에 대해 자세히 말해 달라고 졸랐다. 그러자 올리비에는 크리스토프와 처음 만나게 된 것부터 지금의 생활이라든지, 가끔 서로의 의견이 맞지 않아 다툴 때도 있다는 것을 모두 말해 주었다.

그러자 코레트는 올리비에에게서 들은 이 이야기들을 터무니없이 부풀려 여기저기 떠벌리고 다녔다. 맨 처음 이야기를 들은 사람은 레비 쿠르였다. 이야기는 사람들의 입에서 입으로 전달되어, 결국에는 너무도 엉뚱한 소문이 나돌게 되었다.

어느 날, 루생 부인의 귀에까지 이 소문이 들어갔다. 그러자 루생 부인은 크리스토프를 만나 이렇게 물었다.

"크리스토프, 올리비에와 큰 싸움을 벌였다는 소문이 있던데 사실인가요?"

"아닙니다. 누가 그런 이야기를 하던가요?"

"레비 쿠르에게서 들었어요. 레비 쿠르는 올리비에로부터 그 이야기를 들었다고 하던데……."

"올리비에가요? 절대 그럴 리가 없습니다."

크리스토프는 이렇게 말하면서 아무렇지도 않은 체했지만, 사실 마음속으로 충격을 받았다. 크리스토프는 앞뒤 가릴 것 없이 올리비에가 자신과의 관계에 대해 아무렇지도 않게 레비 쿠르에게 떠벌렸다고 생각하게 되었다.

다음 날 아침, 크리스토프는 올리비에와 얼굴을 대하고도 아무 말도 하지 않았다. 올리비에를 비난하고 싶지 않았기 때문이었다. 그러나 올리비에는 크리스토프가 무척 화가 나 있다는 것을 눈치챘다.

슬픈 소식

올리비에는 크리스토프가 왜 화를 내고 있는지 몰라 조심스럽게 물었다.

"크리스토프, 왜 화가 났지요?"

그러나 크리스토프는 대답은커녕, 아예 올리비에를 외면해 버렸다. 올리비에도 화가 나서 그냥 입을 다물었다. 크리스토프에게 있어서 올리비에는 단순한 친구만이 아니라 신성한 존재였다. 그래서 크리스토프는 그 누구에게든 화풀이를 하지 않고는 못 배길 정도로 흥분해 있었던 것이다.

마침내 그 화는 레비 쿠르에게 쏟아졌다. 마침 그 날 레비 쿠르는 베토벤의 오페라인 〈피델리오〉 상연에 관한 비평을 썼는데, 그 속에 베토벤에 관해 비판한 내용이 있었다. 크리스토프는 이 기사를 읽고 격분하였다.

그런데 그날 밤, 두 사람은 루생 가의 음악회에서 만나게 되었다. 크리스토프가 피아노 연주를 부탁한다는 청을 받고 연주를 하고 있는데, 레비 쿠르가 비웃는 듯한 눈초리로 크리스토프를 바라보았다.

크리스토프는 즉시 연주를 중단하고 일어서더니, 피아노를 등지고 돌아섰다. 사람들은 갑자기 무슨 일인가 하고 바라보았다. 깜짝 놀란 루생 부인이 억지로 미소를 지으면서, 크리스토프에게 다가와 말하였다.

"이제 그만 연주하시려고요?"

"네, 그만 연주하겠습니다."

크리스토프는 이렇게 무뚝뚝하게 대답하며 레비 쿠르를 노려보았다. 크리스토프는 자신의 행동이 예의에 어긋난 것임을 알고 참으려고 했으나, 레비 쿠르를 보자 울화가 치밀어 견딜 수가 없었다. 크리스토프는 사람들의 비웃는 듯한 표정에는 아랑곳하지 않고, 레비 쿠르가 있는 곳으로 다가갔다.

그 때 레비 쿠르는 주위의 부인들에게 거드름을 피우는 목소리로 위대한 예술가의 외도라든지, 그 내면 사상 따위에 대해 이러쿵저러쿵 늘어놓고 있었다. 그러다가 레비 쿠르가 바그너와 루트비히 왕과의 우정에 관하여 좋지 않게 이야기를 하자, 크리스토프는 주먹으로 탁자를 치면서 이렇게 외쳤다.

"말도 안 되는 소리 집어치워!"

그 순간 사람들이 깜짝 놀라며 일제히 크리스토프를 바라보았다. 레비 쿠르도 크리스토프와 시선이 마주치자, 창백해진 얼굴로 말하였다.

"지금 나한테 한 소리인가?"

"그렇다! 너한테 한 소리다."

그러면서 더욱 큰 소리로 외쳤다.

"너는 무엇이든 트집을 잡으려고 하는군!"

그러자 레비 쿠르도 험악한 얼굴이 되어 말하였다.

"당장 꺼져 버려! 그렇지 않으면 너를 창 밖으로 던져 버릴 테다!"

이 말을 들은 크리스토프는 무서운 표정으로, 레비 쿠르를 향해 성큼성큼 걸어갔다. 사람들은 놀라서 어떻게 해야 할지 몰랐다.

그 순간, 루생이 크리스토프의 앞을 가로막더니, 크리스토프를 끌고 문 쪽으로 갔다.

"이봐! 여기가 어디라고 이런 무례한 짓을 하는 거지? 미쳤어?"

"제기랄, 이런 집에는 다시 오지 않을 테다!"

크리스토프는 루생의 손을 뿌리치고 밖으로 나가 버렸다. 그런데 이 일이 원인이 되어 크리스토프와 레비 쿠르는 파리 교외의 어느 숲 속에서 결투를 벌이게 되었다. 다행히 아무도 다치지 않고 결투는 끝이 났다. 크리스토프의 화도 다소 누그러졌다.

그러나 올리비에는 이 사건에 대해 전혀 모르고 있었다. 그 날 집으로 돌아온 올리비에는 크리스토프의 태도가 예전처럼 부드러워진 것을 보고 무척 놀랐다. 크리스토프의 태도가 어떻게 해서 달라진 건지 매우 궁금했다.

그로부터 이틀이 지나서야 올리비에는 크리스토프와 레비 쿠르가 결투를 했다는 사실을 알게 되었다. 결투의 원인을 알고 싶었으나, 크리스토프는 한 마디도 이야기해 주지 않았다. 올리비에가 여러 번 귀찮게 묻자, 크리스토프는 딱 한 번 웃으면서 이렇게 대답하였다.

"자네 때문이야!"

올리비에는 크리스토프의 대답이 뜻밖이라서 더 이상 아무 말도 할 수가 없었다. 이 사건으로 인해 크리스토프와 올리비에의 우정은 예전처럼 돌아왔다.

크리스토프는 자신의 마음이 풍요로워지는 것을 느꼈다. 그는 언제나 그랬듯이 자신의 행복한 마음을 음악으로 표현하였다. 그러자 이러한 기쁨은 주위 사람들에게도 전달되었다. 그래서 올리비에는 그 무엇과도 바꿀 수 없는 큰 힘을 얻게 되었다.

그러던 중에 대수롭지 않은 사건들이 꼬리를 물고 일어난 끝에, 프랑스와 독일의 관계가 갑자기 나빠졌다.

불과 사흘 동안, 프랑스와 독일은 평소의 친밀했던 관계에서 전쟁을 일으키기 직전으로 치달았다.

크리스토프와 올리비에에게 있어 이것은 큰 충격이었다. 크리스토프와 올리비에는 독일과 프랑스가 왜 서로를 미워해야만 하는지 이해가 되지 않았다. 크리스토프는 일부 독일 사람들의 꼴사나운 오만함을 매우 불쾌하게 여기고 있었으므로, 프랑스 사람들의 분노에 어느 정도 공감하고 있었다.

　전쟁은 일어날 수밖에 없었다. 크리스토프는 사람들이 어떤 결심을 하고 있는지도 느낄 수 있었다. 정부와 야당은 물론, 지금까지는 서로 미워하고 경멸하던 사람들까지도 프랑스의 깃발 아래 본능적으로 단결하고 있었다. 그러자 크리스토프와 가깝게 지내던 사람들까지도, 냉담하고 차가운 태도로 그를 대했다.

　크리스토프의 마음은 흔들렸다. 크리스토프는 독일에서 탈출한 몸으로, 다시는 독일로 돌아가지 못할 운명이었다. 더구나 군국주의적인 새로운 독일의 정신을 경멸하고 있었지만, 그래도 마음 한 구석에는 아직도 조국에 대한 열정이 용솟음치고 있었다. 그러나 정말 다행스럽게도 이 불행은, 다가올 때와 마찬가지로 금세 지나가 버렸다.

　크리스토프는 다시 마음의 안정을 찾아, 전보다 더욱 열심히 작곡을 하였다. 크리스토프가 작곡을 할 때 올리비에가 옆에서 정성껏 도와주었으므로, 크리스토프는 더욱 용기를 얻었다.

　크리스토프와 올리비에는 16세기 프랑스 르네상스 문학의 대표적 작가인 라블레 풍의 서사시를 창작하는 일에 몰두하였다. 크리스토프가 어떤 장면의 음악을 작곡하면, 올리비에는 그 곡에 맞는 글을 썼다. 평소에 크리스토프가 다소 부족하게 여기고 있던 면을 올리비에가 채워주었던 것이다. 그리하여 크리스토프와 올리비에의 노력은 풍요로운 결실을 맺게 되었다.

　헤히트의 도움으로 〈다윗〉을 출판하게 되었을 때, 〈다윗〉은 순식간에 외국의 큰 도시에서까지 뜨거운 반응을 불러일으켰다. 또 헤히트의 친구이자 영국에 살고 있는 위대한 바그너 파의 악장이 크리스토프의 작품을 보고 크게 감동하여, 몇 번이나 음악회의 주제로 채택하여 공연을 하였다. 그 공연은 대단한 성공을 거두었다.

크리스토프의 작품이 영국에서 좋은 반응을 얻자, 독일에도 그 영향이 미쳐 큰 호응을 얻게 되었다. 한때 독일에서 형편없다고 악평을 받았던 작품 〈이피게네이아〉까지도 크리스토프의 명성으로 인해 재상연한 결과 눈부신 성공을 거두었다.

"과연 천재야!"

세상 사람들은 이렇게 서슴없이 크리스토프를 칭찬하고, 그의 작품을 격찬하였다. 그러나 그렇게도 비참했던 시간 끝에 겨우 광명이 비치기 시작한 지 얼마 안 되어, 너무나 슬픈 편지 한 통이 크리스토프에게 날아들었다. 루이자가 보낸 편지였다.

> 사랑하는 크리스토프!
> 어쩐지 내 몸이 이상하구나. 가능하다면 너의 얼굴이라도 한 번 보고 죽고 싶다만…….

크리스토프는 이 편지를 보는 순간, 자신도 모르게 신음 소리를 냈다. 올리비에는 크리스토프의 신음 소리에 깜짝 놀라 물었다.

"무슨 일이지요?"

크리스토프는 올리비에의 물음에 말없이 루이자의 편지를 건네 주었다. 올리비에는 단숨에 편지를 읽고 나서 불안에 떨고 있는 크리스토프를 위로해 주었으나, 그 어떤 말도 크리스토프의 마음을 안정시켜 줄 수는 없었다. 크리스토프는 갑자기 벌떡 일어나더니 곧장 밖으로 뛰어나갔다. 올리비에는 얼른 크리스토프의 뒤를 따라가 말하였다.

"크리스토프! 그렇게 서두르다가 일이라도 당하겠어요. 차비는 있으세요?"

크리스토프는 주머니를 뒤져 보았다. 그러나 돈은 터무니없이 모자랐다. 그러자 올리비에는 돈을 구해 오겠으니 잠깐만 기다리라고 말하고 어디론가 사라졌다.

사랑하는 사람

크리스토프는 올리비에가 마련해 온 돈을 가지고 기차역으로 나갔다.

"너무 걱정하지 마세요, 크리스토프!"

"고마워, 올리비에! 바로 다녀오겠네."

기차가 들어오자, 크리스토프는 재빨리 기차에 올라탔다. 이윽고 기차는 단조로운 소리를 내면서, 서서히 움직이기 시작했다.

"잘 다녀오세요! 어머니가 무사하시기를 빌어요."

크리스토프는 올리비에의 전송을 받으며 독일로 향하였다. 크리스토프가 고향에 도착했을 때는 새벽이었다. 거리는 아직 잠에서 깨어나지 않아 무척 조용했다. 집집마다 대문은 굳게 닫혀 있었고, 길거리에는 사람들의 그림자조차 볼 수 없었다. 크리스토프는 이 적막한 거리를 보면서, 옛 추억을 한꺼번에 떠올렸다. 그러자 갑자기 가슴이 뭉클해졌다.

"오, 조국이여! 그리운 사람들이여!"

크리스토프는 고향 땅에 입을 맞추고 싶은 충동이 일어났으나, 꾹 참고 집을 향하여 재빨리 달려갔다. 집 주위는 매우 조용하였다.

크리스토프는 흥분된 목소리로,

"어머니, 크리스토프가 돌아왔어요!"

하며 문을 열었다. 방 안에 들어선 크리스토프는 외롭게 병상에 누워 있는 루이자의 모습을 보고 가슴이 철렁 내려앉는 것만 같았다.

"어머니!"

크리스토프는 루이자의 손을 꼭 잡았다. 루이자는 매일 크리스토프만을 생각하고 있었다. 그러다가 어느 순간 눈을 뜨자, 뜻밖에도 크리스토프가 곁에 와 있었다. 루이자의 얼굴에는 무어라고 말할 수 없는 미소가 떠올랐다.

크리스토프는 루이자의 목을 끌어안았다. 커다란 눈물 방울이 루이자의 뺨으로 흘러내렸다. 루이자는 숨쉬기가 곤란한 듯 힘겹게 숨을 내쉬었다. 루이자는 더 이상 아무런 미련도 없었다. 루이자는 다정한 눈빛으로 크리스토프의 얼굴을 물끄러미 바라보며 말하였다.

"크리스토프, 이제 나는 행복하구나!"

루이자는 이 말을 끝으로 세상을 뜨고 말았다. 그날 저녁, 뜻밖에 올리비에가 찾아왔다. 올리비에는 크리스토프가 혼자서 슬픔을 감당하고 있으리라고 생각하자, 가만히 있을 수가 없었다. 그는 또 크리스토프의 신상에 어떤 위험이 따를지도 모른다는 걱정 때문에 달려온 것이었다.

크리스토프는 올리비에의 방문이 너무도 고맙게 느껴졌다. 크리스토프는 루이자가 세상을 떠나자, 어떻게 해야 할지 몰라 하루 종일 울고만 있었다. 그런 중에 올리비에가 나타나자, 다소나마 마음의 안정을 되찾을 수 있었다.

얼마 동안 루이자를 부둥켜안고 흐느껴 울던 크리스토프는, 낮은 목소리로 어린 시절의 이야기를 두서없이 늘어놓기 시작하였다. 올리비에는 가만히 크리스토프의 이야기를 들어주었다.

어느덧 새벽녘이 되었을 때, 누군가 문을 두드리는 소리가 들려왔다.

"누구세요?"

크리스토프가 문을 열어 보니, 이웃집에 사는 목수였다. 그 목수는 다급한 목소리로 이렇게 말하였다.

"크리스토프! 자네가 왔다는 것을 누가 당국에 밀고하였네. 어서 피신하는 것이 좋겠네!"

"고맙습니다. 그러나 전 그렇게 하지 않겠어요."

크리스토프가 이렇게 말하자, 올리비에는 걱정스러운 표정으로 말하였다.

"크리스토프! 장례는 제가 치를 테니 어서 피하세요!"

그래서 크리스토프는 다음 날, 올리비에와 프랑스로 들어서는 첫 번째 기차역에서 만나기로 하고, 서둘러 기차를 탔다. 그 날 크리스토프의 집으로 경찰관들이 찾아왔지만, 이미 크리스토프는 떠난 뒤였다.

다음 날 올리비에는 루이자의 장례를 치르고, 나무들이 울창한 언덕으로 둘러싸인 작은 마을에 가서 크리스토프와 다시 만났다.

"다음 역까지 걸어가세."

크리스토프와 올리비에는 기차를 기다리는 대신 걷기 시작하였다. 사방은 모두 검푸른 나무들로 우거져 있었으며 안개가 자욱하였다. 크리스토프와 올리비에는 빈터에 이르자, 잠시 걸음을 멈추었다. 그 때 크리스토프의 머릿속에 문득 이런 생각이 스치고 지나갔다.

'어머니! 어머니가 계시지도 않는데, 제가 성공한들 무슨 소용이 있나요?'

그러자 그 순간, 크리스토프의 귀에 어머니의 목소리가 들려왔다.

'사랑하는 크리스토프! 너무 슬퍼하지 말아라. 그리고 네 곁에 있는 사람을 생각하여라!'

크리스토프는 몽상에서 깨어나 올리비에를 바라보았다. 올리비에의 순수하고 진실해 보이는 얼굴을 보자, 다시 마음이 가벼워졌다. 크리스토프와 올리비에는 미소를 지으며 말없이 길을 걸었다.

"정말 운명은 짓궂은 것이로군!"

크리스토프가 혼잣말처럼 이렇게 중얼거렸다. 파리로 돌아온 크리스토프와 올리비에는 잠시 휴식을 취하였다.

그런데 얼마 후에 올리비에에게 정말 뜻밖의 사건이 생겼다.

올리비에가 어느덧 사랑에 빠지고 만 것이었다. 상대는 날씬한 몸매에 귀여운 얼굴을 가진 재클린 랑제라는 금발의 여인으로, 아직 스무 살도 채 안 된 부잣집 딸이었다.

재클린의 어머니 랑제 부인은 그 해 겨울에 음악계에서 대단한 명성을 얻고 있는 크리스토프를 집으로 초대하기로 결심하고, 크리스토프에게 초대장을 보냈다.

크리스토프는 선뜻 초대에 응했지만, 본래 천성이 그런 탓인지 랑제가의 사람들에게 호감을 사려고 일부러 애쓰지는 않았다. 그래도 랑제 부인은 크리스토프가 꽤 매력적인 인물이라고 생각되었다. 그러나 딸 재클린은 크리스토프의 태도가 그리 마음에 들지 않았다. 그런데다가 크리스토프가 자신에 관한 이야기는 거의 하지 않고, 올리비에에 관한 이야기만 늘어놓았으므로, 재클린은 자신도 모르게 아직 얼굴도 본 적이 없는 올리비에라는 사람에 대해 기대를 갖게 되었다.

마침내 올리비에의 맑고 지적인 눈, 시원스러운 미소, 품위 있는 태도, 단정한 용모에서 풍기는 온화하고 조용한 분위기는 재클린의 마음을 사로잡고 말았다. 거기에다 투박스러운 크리스토프의 태도는, 재클린으로 하여금 올리비에를 더욱 돋보이도록 만들어 주었다.

그러나 재클린은 자신의 마음속에 싹트기 시작한 감정을 겉으로는 조금도 나타내지 않고, 일부러 크리스토프에게만 이야기를 건넸다. 그런 사실을 전혀 알지 못하는 크리스토프는, 자신도 의식하지 못하는 사이에 재클린에게 관심을 갖게 되었다.

올리비에 역시 재클린을 처음 본 순간 사랑에 빠지고 말았다. 얼마의 시간이 흐른 뒤, 크리스토프는 올리비에와 재클린 사이에서 사랑의 감정이 싹트고 있다는 것을 눈치챘다. 그래서 자신이 재클린에게 품었던 감정을 털어 버리고, 올리비에와 재클린이 아름다운 사랑을 나눌 수 있도록 도와주었다.

파리 근교의 리라댕 숲에는 랑제 가의 별장이 있었다. 어느 날, 올리비에와 재클린은 이 별장의 정원에서 자신들의 일생을 좌우하는 중대한 문제를 의논하고 있었다. 크리스토프는 집 안에서 오르간을 연주하며, 올리비에와 재클린이 사랑을 나누고 있는 모습을 지켜보았다.

크리스토프는 두 사람의 모습이 너무나 아름다워 보였다.

올리비에와 재클린이 집 안으로 들어오자, 크리스토프는 두 사람의 손을 잡아 앉히더니 기쁨에 넘치는 표정으로 말하였다.

"자, 여기 앉으시오. 내가 그대들을 위하여 멋진 곡을 연주해 줄 테니……."

올리비에와 재클린은 빙그레 웃으면서 자리에 앉았다. 크리스토프는 그들의 사랑이 영원하기를 진심으로 바라면서, 아름다운 사랑의 선율을 연주하기 시작했다. 연주가 끝나자 크리스토프가 말하였다.

"재클린, 올리비에를 영원히 사랑해 주시겠소? 나는 진정으로 두 사람이 행복하기를 바라오."

올리비에와 재클린은 크리스토프의 말에서 진정한 사랑을 느꼈다.

크리스토프는 올리비에한테, 재클린의 부모님에게 재클린과 결혼하겠다고 말씀드리라고 권유하였다. 올리비에도 그렇게 하고 싶었지만, 재클린의 부모님이 허락하지 않을 것 같아서 망설이고 있었다.

"무엇이 그렇게 겁나나? 일단 말하게!"

크리스토프는 올리비에에게 일단 직업을 구하라고 말해 주었다. 마침내 크리스토프의 도움으로, 올리비에와 재클린은 결혼을 하게 되었다. 결혼식 날 저녁, 올리비에와 재클린은 이탈리아로 신혼여행을 떠났다.

파 탄

크리스토프는 올리비에가 결혼한 후로 사람들을 거의 만나지 않았다. 올리비에와 함께 살던 당시에 알고 지내던 이웃 사람들과 가끔 만날 뿐이었다. 그 가운데서도 자식이 없는 아르노 부부와는 특별히 친밀하게 지냈다. 아르노 씨는 40대 중반으로 중학교 교사였으며, 아르노 부인은 아르노 씨보다 열 살 아래로 성격이 무척 내성적이었다.

아르노 씨는 피아노를 칠 줄 몰랐으나, 아르노 부인은 상당한 솜씨를 갖추고 있었다.

처음부터 크리스토프를 존경하고 있던 아르노 부부는 크리스토프에게 찾아와 친하게 지내고 싶다고 말하였다. 올리비에가 결혼하여 지방으로 가서 살게 된 후, 아르노 부인은 크리스토프가 혼자서 쓸쓸할 것이라면서 저녁 식사에 초대하였다.

크리스토프는 기꺼이 이 초대에 응했다. 이것이 계기가 되어 크리스토프는 거의 매일 밤마다 아르노 부부를 방문하게 되었다.

크리스토프의 방문은 아르노 부부에게 기쁨을 가져다 주었으며, 크리스토프 역시 아르노 부부의 꾸밈없는 행동과 따뜻한 마음 때문에 조금이나마 외로움을 잊을 수 있었다.

크리스토프의 또 다른 친구는, 어머니와 단둘이 살고 있는 스물다섯 살의 세실이라는 피아니스트였다.

어느 날 밤, 크리스토프는 우연히 세실의 피아노 연주를 듣고는, 몹시 감탄하여 세실을 찾아갔다. 크리스토프는 성실해 보이는 세실에게 차츰 마음이 끌렸다.

"아니, 그렇게 훌륭한 실력을 인정받지 못하고 있다니, 내가 아는 평론가들에게 당신의 실력을 알려야겠소."

그러나 세실은 남들로부터 인정받는 일이 그렇게 중요하지는 않은 것 같다면서, 친절에 감사하다고 말하였다. 이렇게 해서 크리스토프와 세실은 순수한 우정을 쌓게 되었다.

결혼 초의 올리비에와 재클린은 신혼 재미에 푹 빠져 있었다. 올리비에는 프랑스 서부의 어느 읍에 있는 중학교 교사로 일하고 있었다. 처음 얼마 동안 재클린은 올리비에의 일을 거들어 주기 위해 도서관에 가서 복사도 하고, 골치 아픈 번역 일도 도와주면서 행복감에 젖어 있었다.

그러나 올리비에는 얼마 안 가, 이런 생활에 싫증을 내기 시작하였다. 재클린은 한동안 내색을 하지 않고 있다가, 올리비에가 권태로워하는 원인은 바로 객지에서 생활하는 탓이라고 생각하고 아버지에게 편지를 띄웠다.

재클린의 편지를 받아 본 아버지는 즉시 아는 사람을 통해 올리비에를 파리로 전근시켰다. 올리비에가 돌아왔다는 소식을 듣고, 크리스토프는 기쁜 마음으로 올리비에를 찾아갔다. 올리비에도 크리스토프와 다시 만난다는 사실이 너무도 기뻤다.

그러나 막상 얼굴을 대하자 어쩐지 어색한 느낌이 들었다. 서로가 그런 기분을 떨쳐 버리려고 노력했으나 왠지 뜻대로 되지 않았다. 올리비에에게는 어딘지 모르게 예전과는 다른 면이 보였다.

재클린은 파리에 오자, 몇 달 동안 매우 행복한 시간을 보냈다. 그런데 갑자기 이런 생활을 변화시킬 만한 사건이 생겼다. 이모가 세상을 떠나면서, 재클린의 어머니에게 엄청난 유산을 물려준 것이었다. 그래서 재클린의 재산도 두 배로 늘어났다. 그들은 넓고 살기 좋은 집으로 이사를 했다. 그러자 차츰 재클린의 마음속에 사치와 허영이 스며들면서, 부유층 사람들과 자주 만나게 되었다.

재클린이 그런 생활을 하게 되자, 올리비에도 자연히 교사직을 버리고 오로지 놀고 즐기는 일에만 열중하였다. 그래서 지금까지와는 아주 다른 시선으로 사람을 바라보게 되었다. 예전에 그토록 친하게 지내던 크리스토프와도 어색한 사이가 되어 버렸다.

올리비에와 재클린은 차츰 크리스토프와 교제하는 것이 불편하게 느껴졌다. 크리스토프도 마음속으로는 두 사람과 만나는 것이 부담스러웠지만, 불화를 일으킬 만한 일을 만들지 않으려고 노력하였다.

그러다가 올리비에와 재클린의 생각을 눈치챈 크리스토프는, 두 사람으로부터 멀어지는 것이 모두를 위해 좋을 것이라 생각되어 되도록 만날 기회를 만들지 않았다.

그런 후에도 올리비에와 재클린의 생활은 조금도 달라지지 않았다. 시간이 지나자 재클린은 또다시 그런 생활에 싫증을 내기 시작하였다.

그 무렵, 크리스토프는 다시금 음악 비평가들로부터 비난을 받고 있었다. 신문에는 거의 매주 크리스토프를 헐뜯는 기사가 실렸다. 그러던 어느 날, 갑자기 비난의 기사가 멈추었다. 그러더니 이번에는 크리스토프의 작품을 칭찬하는 기사들이 거의 매일 실렸다.

하루는 오스트리아 대사관으로부터 이런 글이 전달되었다.

　　존경하는 크리스토프 씨!
　　우리 대사관에서 주최하는 야회의 프로그램에 귀하의 작품을 몇
　　곡 넣고 싶습니다.

크리스토프는 이 일로 인하여 오스트리아 대사로부터 극진한 대우도 받고, 이야기도 나누게 되었다.

그러나 오스트리아 대사는 음악에 관해서는 취미도 없었으며, 크리스

토프의 작품에 관해서도 전혀 아는 것이 없었다. 그러면서도 크리스토프를 초대하고, 극진한 대우까지 해 주는 것이 정말 이해가 되지 않았다.

크리스토프가 여러 가지로 알아 본 결과, 역시 자신의 생각대로 뒤에서 후원해 주는 사람이 있다는 것을 알게 되었다. 후원자의 이름은 벨렌 백작이었다. 그러나 크리스토프는 벨렌 백작이라는 이름은 들어 본적도 없었고, 만난 적도 없었다.

'정말 모를 일이군!'

크리스토프가 올리비에와 재클린에게 연락을 하지 않자, 올리비에도 연락을 하지 않았다. 이제 크리스토프와 올리비에의 우정은 완전히 끝이 난 것만 같았다.

재클린은 얼마 후 아기를 낳았으나, 올리비에와의 사랑은 이미 식어 있었다. 그러자 재클린은 올리비에와 아기를 남겨 놓고, 어디론가 떠나고 말았다. 올리비에는 충격으로 한참을 절망하다가, 결국에는 크리스토프를 찾아와 도움을 청하였다.

그날 저녁, 아르노 부인은 여느 때와 마찬가지로 조용히 뜨개질을 하고 있다가 초인종이 울리자 문을 열었다.

"누구세요?"

그러자 크리스토프가 몹시 흥분한 표정으로 헐레벌떡 집 안으로 들어왔다.

"크리스토프, 무슨 일이지요?"

"올리비에가 찾아왔어요."

"올리비에가요?"

"네, 오늘 아침에 찾아왔어요. 그런데 재클린이 아기를 버리고 도망

첬다는군요. 올리비에는 지금 충격으로 말이 아니에요."

이 말에 아르노 부인은 깜짝 놀라면서 말하였다.

"저런, 불쌍하군요! 그러면 아기는 어떻게 하지요?"

"그것이 문제예요. 올리비에는 혼자 그 아기를 키울 자신이 없다는 거예요."

이 말에 아르노 부인은 몹시 흥분하는 듯하였다.

"아르노 부인! 사실 그 일로 부인께 의논하려고 했는데, 그 때 마침 세실이 찾아왔습니다."

"세실이요?"

"네, 그런데 세실이 올리비에의 이야기를 듣더니, 자신이 아기를 기르겠다고 하더군요."

그러자 아르노 부인이 크리스토프의 말을 가로막으며 소리쳤다.

"안 돼요! 그 아이는 저에게 맡기세요."

그러자 크리스토프는 세실의 사정을 들려주었다.

아르노 부인은 크리스토프의 이야기를 듣고는, 감정을 자제하면서 말하였다.

"사실, 혼자 지내는 세실에게는 아이가 저 이상으로 필요할 테지요. 참 잘 되었어요."

올리비에는 그 후로 자포자기 상태에 빠져 있다가 결국에는 앓아 눕게 되었다. 크리스토프는 아르노 부인의 도움을 받아 헌신적으로 올리비에를 간호해 주었다.

도와주는 손길

크리스토프는 그 후로도 가끔씩 오스트리아 대사관에서 열리는 야회에 초대되었다. 또한 오스트리아의 여러 곳에서 크리스토프의 작품이 연주되기도 하였다. 크리스토프는 눈에 보이지 않는 뜨거운 후원의 손길을 느끼며, 감사하게 생각하였다.

'아! 도대체 어떤 사람일까? 한번 만나 보고 싶다.'

크리스토프는 벨렌 백작 부인을 찾아 보려고 하였으나, 전혀 찾을 길이 없었다. 그런데다가 올리비에의 일로 정신을 빼앗겼으므로 찾아볼 여유도 생기지 않았다.

그러던 어느 날, 크리스토프는 야회장의 별실에 들어가서 조용히 슈베르트의 음악을 감상하고 있었다. 정면 벽에 걸려 있는 큰 거울에 응접실에서 분주하게 움직이는 사람들의 모습이 비쳤다. 크리스토프는 문득 거울 속에서 자신을 바라보고 있는 한 여인의 모습을 발견하였다.

"저 여인은?"

크리스토프는 이렇게 중얼거리면서 응접실로 들어갔다. 그 여인은 여전히 크리스토프를 바라보고 있었다.

크리스토프는 그 여인을 어디에선가 본 듯하다고 생각했지만, 정확히 떠오르지 않아서 마음속으로 당황하고 있었다.

크리스토프는 일단 여인에게 다가가 인사를 하였다. 그러자 여인이 물었다.

"제가 누군지 모르겠어요?"

그 순간, 크리스토프는 그 여인이 누군지 생각이 났다.

"아, 당신은 그라치에?"

그라치에는 어느 새 스물두 살의 성숙한 여인이 되어 있었다. 그라치에는 1년 전에 헝가리 대사관에 근무하던 남자와 결혼했는데, 남편은 국무총리와 혈연관계가 있는 명문 출신의 귀족이며 나이보다는 늙어 보인다고 말하였다. 그녀는 남편을 무척 사랑하고 있다고 말하였다.

"아버지는 돌아가셨고, 남편은 얼마 전에 파리 주재 대사관으로 임명되었지요."

그라치에는 지난 날 가지고 있던 크리스토프에 대한 감정을, 아직까지도 마음속에 고이 간직하고 있었다. 그라치에는 파리에 오자마자 크리스토프를 만나려고 초대장을 보냈으나, 크리스토프는 그것을 읽어 보지도 않고 쓰레기통에 버렸다. 그러나 그라치에는 그 일에 대해 기분 나쁘게 생각하지 않고, 다시 크리스토프에 대해 알아보았다.

그러던 중 신문에 크리스토프를 비난하는 기사가 실리자, 재빨리 손을 써서 크리스토프를 구해 주었다. 또한 오스트리아 대사관에서 크리스토프의 작품을 연주하도록 주선해 주었다. 크리스토프는 그제서야 벨렌 백작 부인이 누군지 알게 되었다.

크리스토프와 그라치에는 추억에 잠겨 지난 날의 이야기를 하였다. 그런데 갑자기 그라치에의 얼굴이 굳어지면서 이야기가 끊겼다. 저쪽에서 키가 크고 매우 잘생긴 남자가 이쪽을 뚫어지게 바라보고 있었던 것이다. 그는 경멸에 찬 태도로 크리스토프와 그라치에를 향해 다가왔다. 그러자 그라치에는 점잖은 태도로 크리스토프에게 그를 소개하였다.

"크리스토프, 인사하세요. 저의 남편입니다."

"반갑습니다. 크리스토프입니다."

그라치에 남편의 태도를 본 크리스토프는 마음의 등불이 꺼지는 것만 같았다. 그라치에는 남편이 묻는 몇 마디에 짧게 대답하더니, 그 자리를 떠났다. 그 이후로 크리스토프는 오랫동안 그라치에를 만나지 못했다.

그러던 어느 날, 크리스토프는 그라치에를 찾아가 보아야겠다고 생각했다. 그래서 그라치에가 알려 준 주소대로 찾아가 보니 거실에는 짐을 꾸린 상자와 트렁크 등이 가득 놓여 있고, 방은 매우 어지럽혀져 있었다.

"백작 부인을 만나러 왔소!"

"지금은 만나실 수가 없습니다."

하인의 말에 실망한 크리스토프가 명함만 전달하고 집을 나서려고 하는데, 다시 하인이 불렀다.

"들어오시랍니다, 선생님!"

크리스토프는 하인의 안내를 받아 융단을 걷어 낸 작은 응접실로 들어갔다. 그라치에가 밝은 미소를 지으며 크리스토프에게 손을 내밀었다. 크리스토프도 반갑게 미소를 지으며 그라치에의 손을 꼭 잡아 주었다.

"와 주셔서 고마워요. 당신을 뵙지 못하고 떠나는 줄 알았어요."

"떠나다니? 그게 무슨 말이오?"

"우리는 이번 주말에 파리를 떠나요. 그래서 지금, 짐을 정리하는 중이었어요."

그라치에는 어수선한 방을 가리키며 말하였다.

"남편이 미국 대사관의 일등 서기관이 되었거든요."

"그럼, 이것으로 우리는 작별이라는 말이오?"

크리스토프의 입술이 파르르 떨렸다.

"아니에요, 절대로 마지막이 아니에요."

그라치에가 강한 어조로 말하였다.

"어쩌다 보니 작별하기 위해 찾아온 셈이 되었군."

크리스토프의 눈에 어느덧 눈물이 고였다.

"그렇게 슬퍼하지 마세요."

"나는 나를 도와준 후원자가 당신이라는 것을 알았을 때 너무나 뜻밖이었고, 또 고마웠소. 그런데 그 고마움을 보답하기도 전에 이렇게 헤어져야 하다니……"

"저는 당신을 위한 일이라면 무엇이든지 하고 싶었어요. 그것이 저에게는 더없는 기쁨이었지요. 저는 당신에게서 아주 큰 은혜를 입었으니까요!"

"큰 은혜? 내가 당신에게 은혜를 베풀다니?"

"그래요, 당신은 아마도 당신이 저에게 무엇을 해 주셨는지 잘 모르실 거예요."

그라치에는 소녀 시절에 크리스토프를 만남으로써 음악에 눈뜨게 되었고, 이 세상의 모든 아름다운 것들을 볼 수 있게 되었으며, 사랑이 무엇인가를 깨닫게 되었다고 말하였다. 그녀는 아주 조심스럽게 소녀 시절에 크리스토프에게 느꼈던 감정과, 슬픔에 잠겨 있는 크리스토프의 모습을 보고 무척 괴로워했다는 것, 또 음악회에서 청중들이 휘파람을 불며 야유를 보낼 때, 자신은 너무나 속상해서 울었다는 이야기들을 고백하였다.

크리스토프는 그라치에의 고백을 듣고, 다시 한 번 벅찬 감동을 느꼈다. 크리스토프와 그라치에는 가슴 두근거리며 많은 대화를 나누었다. 크리스토프가 다시 물었다.

"정말, 우리는 이것으로 작별이오?"

"아니에요, 언젠가 또……."

그라치에는 말끝을 흐렸다.

이렇게 그라치에와 슬픈 작별을 한 크리스토프는 한동안 올리비에를 간호하는 일에만 매달렸다. 여러 날이 지나자, 올리비에는 다시 기운을 차렸다.

그러나 그는 예전의 올리비에가 아니었다. 크리스토프는 올리비에와 함께 살지는 않았지만 거의 매일 만났으며, 지금까지보다 더 아껴 주고 사랑해 주었다.

올리비에는 최근까지만 해도 남의 괴로움에 별 관심을 두지 않았다. 이제까지 줄곧 자신의 틀 안에서만 살아왔기 때문에, 주변 사람들에게 관심을 가질 기회가 별로 없었다. 그러나 어떤 사건을 직접 목격한 후로, 올리비에는 변하기 시작하였다.

올리비에는 크리스토프의 집에서 그리 멀지 않은 곳에 있는 몽르주 언덕 위에 싸구려 방 하나를 얻어 살고 있었다. 올리비에가 세들어 사는 건물 안에는, 얼마 안 되는 연금으로 살아가는 사람들이나 노동자들이 많이 있었다.

어느 날, 올리비에가 외출하려고 하는데 어느 방문 앞에 사람들이 모여 웅성거리고 있었다. 올리비에는 여느 때처럼 자신과는 별로 상관 없는 일이라 생각하고 그냥 지나치려고 하였다. 그런데 갑자기 한 여자가 이런 말을 하는 것이었다.

"먹을 것이 없어서 부모와 어린아이 다섯 명이 자살을 하다니……."

올리비에는 걸음을 멈추고 서서 그 여자의 이야기를 자세히 들었다. 올리비에는 그 순간 여러 가지 생각이 떠올랐다. 생각해 보니, 자신도 자살한 사람들과 만난 적이 있었다. 그렇게 가까이에서 그들의 고통을 지켜보면서도, 그들의 일에 아무 관심도 두지 않은 채 살고 있었던 것이다. 올리비에는 착잡한 심정으로 크리스토프를 만나러 갔다.

그는 가슴이 죄어드는 아픔을 느꼈다. 많은 사람들이 이렇게 자신보다도 몇 배나 더 힘든 생활을 하면서 살아가고 있는데, 자신은 쓸데없는 사랑의 미련 때문에 괴로워하고 있다는 사실이 부끄러웠다.

올리비에는 이 사건으로 인해 사회와 사람들에 대해 관심을 갖게 되었다. 크리스토프는 이 이야기를 듣고, 갑자기 자신이 형편없는 이기주의자로 생각되었다.

'그래, 남에게 태양의 빛을 주려면, 우선 내 마음속에 그런 따스함이

있어야 해!'

메이 데이

어느 날, 크리스토프는 오렐리 식당에 앉아 있었다. 그는 생각나는 대로 혁명가 한 곡을 작곡하였다. 그러자 이 노래는 금세 사람들의 입에서 입으로 전달되어, 다음 날에는 노동자 단체로까지 퍼졌다.

그 무렵, 파리에는 좋지 못한 소문이 나돌고 있어서 시골로 도망친 사람들도 있었고, 미리 식량을 저장해 두는 사람들도 있었다. 크리스토프는 이런 사람들을 비웃으면서 아무 일도 일어나지 않을 것이라고 장담했지만, 올리비에는 그렇게 안심할 일만은 아니라고 말했다. 해마다 5월 1일은 '메이 데이'라고 하여, 세계적 노동절 행사가 열렸다. 그 해의 메이 데이가 되었다.

"우리, 거리로 나가 볼까?"

크리스토프가 올리비에에게 물었다. 올리비에는 며칠 전부터 감기에 걸려 있어서, 그다지 몸이 좋지 않았다. 게다가 사람들과 어울리는 것이 왠지 두렵게 느껴져서 그다지 외출하고 싶은 마음이 없었다. 그런데도 크리스토프가 계속 설득하는 바람에 할 수 없이 거리로 나섰다.

처음에는 사람이 그렇게 많지 않았다. 그러나 시간이 지날수록 엄청나게 많은 사람들이 모여들었다. 가벼운 옷차림으로 나온 사람들, 아이들을 데리고 나온 구경꾼들, 어슬렁거리는 노동자들로 거리는 혼잡을 이루고 있었다.

그러다가 갑자기 노동자들이 겹겹으로 층을 이루듯이 모여들더니, 밀치락거리며 경찰관들을 괴롭히기 시작하였다. 차츰 그 정도는 지나칠 정도로 심해졌다.

앞쪽에 있는 사람들을 미는 사람들과, 밀리지 않으려고 기를 쓰는 사람들, 노동자들 사이에 낀 사람들이 고래고래 소리를 질렀다. 이런 틈바구니 속에서 크리스토프와 올리비에는 온 힘을 다해 길을 헤쳐 나갔다. 노동자들은 길을 잠깐 비켜 주었다가 다시 빽빽하게 들어찼다.

크리스토프와 올리비에는 자신들이 어디로 가고 있는지조차 모르고 있었다. 그저 열광적인 공기를 들이마시면서 앞으로 나아가고 있을 뿐이었다.

그러다가 올리비에는 최근 자신이 귀여워하고 있는 소년 에마누엘이, 신문 판매장 지붕 위에 엎드려서 매우 불안한 표정으로 경찰관들과 노동자들을 바라보고 있는 것을 발견하였다. 올리비에는 놀라서 큰 소리로 말하였다.

"에마누엘, 위험하다. 어서 내려오너라!"

그러나 에마누엘은 이 소리를 못 들었는지 내려올 생각도 하지 않았다. 크리스토프와 올리비에는 노동자들 사이에서 몇몇 친구들을 발견하였다. 그 중에는 금빛 콧수염의 코카르도 있었다. 코카르는 어떤 일이라도 터지기를 바라고 있는 듯 매우 상기된 표정이었다.

코카르와 조금 떨어진 곳에는, 아름다운 여인 벨트가 서 있었다. 벨트는 노동자들의 환호 속에서 소리를 지르며, 경찰관들에게 욕을 하고 있었다.

코카르가 크리스토프를 발견하고 그의 곁으로 다가왔다. 크리스토프가 코카르에게 먼저 말하였다.

"결국은 아무 일도 일어나지 않을 테니, 두고 봐!"

"어림없는 소리! 곧 굉장한 일이 벌어질 거야!"

그 때 한 무리의 기병대들이 광장으로 전진해 왔다. 그러자 노동자들이 욕을 퍼부었다. 그리고 아직까지 총 한 방도 쏘지 않은 경찰관들에

게,

"살인자!"

라고 하며 소리를 질렀다. 이 때 코카르가 크리스토프를 끌어당기면서 말하였다.

"오델리 식당으로 가세."

"그러지."

오델리 식당으로 들어가 보니, 벨트와 다른 일행들도 와 있었다. 올리비에는 크리스토프에게 먼저 집으로 가겠다고 말하였다.

"그럼, 집에 가 있게. 나는 한 시간쯤 더 있다가 자네에게 가겠네."

그런데 올리비에가 오델리 식당의 모퉁이를 막 돌아설 무렵, 노동자들이 쫓겨오면서 골목길이 꽉 막혀 버렸다. 올리비에는 순간적으로 에마누엘 생각이 떠올랐다. 그가 막 뒤로 돌아서는데, 에마누엘이 지붕 위에서 떨어지는 것이 보였다. 그러자 쫓기는 노동자들이 에마누엘을 마구 짓밟으며 지나갔다.

올리비에는 에마누엘을 구하려고 정신없이 그 곳으로 달려갔다. 그런데 올리비에가 쓰러진 에마누엘을 안아 일으키려고 하자, 갑자기 칼을 든 경찰관 두 명이 올리비에를 떠밀었다. 순간, 한 노동자가 고함을 지르며 경찰관에게 달려들었다. 이리하여 큰 싸움이 벌어졌다. 조금 뒤에 크리스토프도 이 싸움에 뛰어들게 되었다. 그러나 크리스토프는 올리비에가 싸움에 관련되어 있으리라고는 꿈에도 생각하지 못했다.

올리비에는 가라앉은 작은 배처럼, 그 소용돌이 속에 가라앉아 버렸다. 어느 순간, 불행하게도 어떤 경찰관이 올리비에의 왼쪽 가슴을 찌르고 말았다. 올리비에는 정신을 잃고, 사람들의 발길에 마구 짓밟혔다. 이 때 크리스토프는 인파에 밀려서 어디론가 밀려가고 있었다. 크리스토프는 이 상황을 즐기기라도 하듯이, 체격 좋은 경찰관에게 붙잡히자 이런 농담을 했다.

"저와 왈츠라도 한바탕 추실까요?"

그러자 다른 경찰관이 등 뒤에서 크리스토프를 덮쳤다. 순간적으로 크리스토프는 경찰관을 날쌔게 주먹으로 쳐서 쓰러뜨렸다. 경찰관이 길 위에 나동그라지자, 또 다른 경찰관이 칼을 뽑아들고 크리스토프에게 달려들었다. 이제 크리스토프는 경찰관과 싸울 수밖에 없었다. 크리스토프는 재빨리 경찰관의 칼을 빼앗아 가슴을 찌르고, 발악에 가까운 소리를 질렀다.

그러자 이 외침은 뜻밖에도 엄청난 효과를 가져와, 노동자들은 순식간에 폭도로 변해 버렸다. 여기저기에서 총소리가 들려왔다. 길바닥은 난장판이 되어 버리고, 가스등은 뒤틀려 휘어졌으며, 나무가 쓰러지고, 마차가 뒤집혔다. 여러 집에서 갖가지 무기들이 쏟아져 나왔다.

한 시간도 채 못 되어, 거리 전체가 경관들에게 포위되었다. 그 때 방어벽 위에서는 마치 다른 사람이 된 듯한 크리스토프가, 자신이 지은 혁명가를 소리 높여 부르고 있었다. 다른 노동자들도 그 노래를 따라 부르고 있었다.

올리비에는 오델리 식당으로 옮겨져 왔으나, 완전히 의식을 잃고 있었다. 올리비에의 발치에는 에마누엘이 불안에 떨고 있었다.

오델리는 보통 때와 같은 태도로, 침착하게 올리비에의 옷을 벗기고 상처를 치료하였다. 그러나 올리비에는 의식을 회복하지 못하고 있었다.

카네는 엉엉 소리내어 울고 있었다. 마누스는 올리비에의 상태를 살펴보고는 가망이 없다고 결론 내렸다.

"이미 늦었어!"

마누스는 올리비에를 체념하자, 이번에는 크리스토프가 걱정이 되었

다. 마누스는 어처구니없는 위험으로부터 크리스토프를 구출해 주어야
겠다고 생각하였다. 마누스는 카네에게 말하였다.

"자네의 자동차로 크리스토프를 데리고 가 주게!"

"그러나 어떻게……."

카네의 목소리는 떨리고 있었다.

"크리스토프를 라로슈로 데리고 가 줘. 그러면 퐁탈류로 가는 기차를
탈 수 있을 거야. 그리고 스위스로 도망을 치도록 도와주게!"

"말을 듣지 않을 텐데……."

"아니야. 상황이 급하다고 하면 돼. 이미 올리비에도 출발했으니까
그 곳에서 만나기로 되어 있다고 내가 거짓말을 할 테니까!"

마누스는 크리스토프를 찾으러 갔다. 크리스토프는 뒤집힌 합승 마차
위에서 하늘을 향해 총을 쏘아 대며, 재미있다는 듯한 표정을 짓고 있
었다. 마누스는 급히 다가가 크리스토프를 불렀다.

"크리스토프, 올리비에가……."

크리스토프는 올리비에라는 말에 총을 버리고 재빨리 뛰어내렸다. 마
누스가 크리스토프를 끌어당기며 급하게 말하였다.

"크리스토프, 도망치지 않으면 자네는 죽네!"

"올리비에가 어떻게 되었다고?"

"어서 피하라니까."

"왜?"

"한 시간 뒤면 방어벽은 무너질 거야. 그러면 많은 사람들이 체포되
겠지."

"그런데 내가 왜 피해야 하지?"

"자네 손을 보게! 자네가 무슨 짓을 저질렀는지는 모두가 알고 있네.
어서 가세!"

"올리비에는 어디에 있는가?"

"벌써 자네 집에 경찰관이 대기 중이라고 올리비에가 말하더군. 나도 올리비에의 부탁을 받고 이렇게 자네에게 온 것이네."

"그럼, 어디로 가지?"

"스위스! 카네가 기차역까지 데려다 줄 거야."

"그럼, 올리비에는?"

"올리비에는 먼저 떠났네. 내일이면 만날 수 있을 거야. 자, 빨리 떠나게! 자세한 이야기는 나중에 하고……."

그 때까지도 올리비에는 의식을 회복하지 못하고 있었다. 방 안에는 오델리와 에마누엘이 있었다. 늦은 밤, 올리비에는 잠깐 죽음의 골짜기로부터 벗어나서 손등 위로 떨어지는 에마누엘의 눈물을 느꼈다. 올리비에는 가냘픈 웃음을 지으면서, 에마누엘의 머리 위에 손을 얹어 주었다.

"아, 너는 무사했구나!"

올리비에의 목소리는 가늘게 떨리고 있었다. 잠시 후, 올리비에는 손을 힘없이 떨어뜨리면서 영원히 죽음의 골짜기로 빠져 버렸다.

도망자의 한

크리스토프를 태운 자동차는 파리 거리를 재빨리 벗어나, 안개가 뒤덮인 넓은 들판을 가로질러 달려갔다. 크리스토프는 갑자기 독일에서 피신할 때의 일이 생각났다.

'도망자! 그것이 내 운명인지도 모르지!'

그러나 지금은 독일을 떠나올 때처럼 고통스럽지는 않았다. 올리비에와 함께라면 그 곳이 비록 낯선 곳이라도, 그리 큰 문제가 되지 않을 것이라는 생각이 들었기 때문이었다.

'내일이면 올리비에를 만날 수 있을 거야!'

자동차는 드디어 라로슈에 도착하였다. 마누스와 카네는 크리스토프가 올라탄 기차가 출발할 때까지 계속 지켜보고 있었다. 드디어 기차가 출발하였다. 마누스와 카네는 멀어지는 크리스토프를 바라보며 말하였다.

"가련하군!"

"정말 불쌍해!"

크리스토프는 차츰 목적지가 가까워오자, 올리비에를 만나게 된다는 기대감으로 흥분되었다. 그러면서도 왠지 불안한 생각이 들었다.

마침내 기차가 목적지에 도착하였다. 크리스토프는 혹시 올리비에가 마중 나와 있지 않을까 하여, 두리번거리며 살펴보았다. 그러나 올리비에는 보이지 않았다. 크리스토프는 올리비에와 약속이 되어 있다는 호텔로 급히 갔다. 하지만 올리비에는 그 곳에도 없었다.

'조금 늦을 수도 있을 거야.'

크리스토프는 그 때부터 불안한 마음으로 올리비에를 기다렸다. 어느새 날이 밝고 아침이 되었다. 크리스토프는 불안하여 더 이상 호텔에 있을 수가 없었다. 그래서 무작정 밖으로 나가, 한 시간쯤 후에 호텔로 돌아왔다. 그러자 접수원이 편지 한 통을 전해 주었다. 올리비에의 사망 소식이 적힌 편지였다.

"아니, 올리비에가 죽었다고?"

크리스토프는 충격으로 의식을 잃고 말았다. 다시 정신이 든 크리스토프는, 심한 분노를 느끼며 마누스를 당장 때려눕히고만 싶었다. 크리스토프는 다시 기차역으로 갔다.

'파리로 가야 해! 올리비에를 만나야 해!'

그러나 이미 기차는 떠난 뒤였다. 그래서 그는 아무 기차나 탔는데, 불행히도 이 기차는 프랑스 국경을 넘은 두 번째 역에서 완전히 멈추고 말았다.

'어쩌지? 파리로 갈까? 아니면 되돌아갈까?'

크리스토프는 갈등하다가 경찰에 자수를 할까 생각하기도 했다.

'아니야! 어떻게 해서든 살아야 해. 억울하게 죽은 올리비에의 한을 풀어 주어야 해!'

이렇게 생각한 크리스토프는 파리로 가는 것을 포기하고, 되돌아서서 무조건 걸었다. 크리스토프는 하루 종일 걸어서 드디어 프랑스 국경선을 넘었다.

그로부터 몇 달이 지났다.

크리스토프는 스위스의 쥐라 산 중턱에 있는 한 농가에서 숨어 지내고 있었다. 이 농가는 우거진 숲을 등지고, 기복이 심한 높은 언덕에 위치하고 있었다.

크리스토프는 몇 달 동안이나 이렇게 숨어 지내다가, 어느 날 문득 이런 생각을 하였다.

'무언가 의지할 만한 것을 찾아야 한다.'

그는 결국 올리비에의 아이를 데려와야겠다고 결심하였다. 크리스토프는 즉시 세실에게 편지를 띄웠다. 그러자 며칠 후에 세실에게서 답장이 왔다.

답장에는 올리비에가 죽은 지 석 달 뒤에 재클린이 찾아와서 아이를 돌려 달라고 했는데, 재클린의 모습이 예전과는 너무나 다르게 변해서 그 청을 거절할 수가 없었다고 씌어 있었다.

그리고 그 때 소식을 전하려 했지만, 연락이 되지 않아 전하지 못했다고도 씌어 있었다.

크리스토프는 편지를 읽고 나서 불도 켜지 않은 채, 방 안에 틀어박혀 있었다. 비통한 마음으로 숲 속의 소리를 들으며 앉아 있는 크리스토프의 마음은 찢어질 듯이 아팠다.

'저 숲 속의 울음소리가 마치 나의 울음소리 같구나! 내 생애는 결국 이렇게 끝나고 마는 것인가?'

이렇게 또 며칠이 흘러갔다.

크리스토프는 자신이 살아야 할 이유나, 투쟁에 도전해야 할 아무런 이유도 없는 것같이 느껴졌다. 그런데도 자신은 살아 있었고, 또 눈에 보이지 않는 적과 싸우고 있었다.

크리스토프는 외쳤다.

'자, 타도하라! 왜 나를 타도하지 않는가?'

그날 밤, 크리스토프는 잠이 들었다가 바람 소리에 눈을 떴다. 제대로 맞지 않는 창문이 바람에 흔들려 덜커덩덜커덩 소리를 내고 있었다. 크리스토프는 갑자기 소리를 내어 흐느꼈다. 그 울음소리는 마치 어떤 신이, 크리스토프의 텅 빈 영혼에 새로운 생명을 불어넣는 소리처럼 들렸다.

"부활!"

갑자기 신선한 공기가 목구멍으로 들어와, 몸 속까지 스며드는 것 같았다. 크리스토프는 자신의 가슴이 금방이라도 터져 버릴 것만 같아 이렇게 외쳤다.

"오오, 삶이여! 생명이여! 나는 텅 빈 내 가슴, 닫혀 버린 내 영혼 속에서 너를 찾고 있노라! 내 영혼은 큰 상처를 입었다. 그러나 나는 다시 호흡해야 한다. 나는 다시 너를 발견할 것이다. 오, 생명이여! 영혼이여!"

크리스토프는 가슴속에서 생명의 소리가, 생명의 노래가 또다시 끓어

오름을 느꼈다. 크리스토프는 창 밖으로 몸을 내밀어, 숲과 바람과 태양의 찬란한 빛을 받았다. 어제까지만 해도 죽어 있던 모든 것들이 새롭게 소생하여 다가왔다.

이제 크리스토프의 마음속에는 사랑과 희망이 넘쳐흐르고 있었다. 잠자던 영혼은 다시 삶의 눈을 떴으며 심장이 고동치기 시작하였고, 주변의 모든 것들이 힘차게 약동하였다.

그 이후, 세월은 흐르는 강물처럼 흘러가서 크리스토프의 육체와 영혼은 나이를 먹었다. 그러나 크리스토프는 지나간 세월을 다시 헤아려 보고 싶지는 않았다.

'그래, 지나간 시간은 모두 잊자!'

지나간 시간 속에서 의미를 찾을 수 있는 것은, 오로지 크리스토프가 만든 작품뿐이었다. 크리스토프의 모든 작품은 이미 유럽 전체에 널리 퍼져 있었다. 그러나 크리스토프는 그런 것들에 조금도 개의치 않았다. 지난 10년 동안 크리스토프는 여러 나라를 돌아다니며 살았지만, 지금은 다시 스위스로 돌아와 있었다. 크리스토프는 스위스에 온 뒤로는 조금도 외롭지 않았다.

어느 해 여름 날 저녁 무렵, 크리스토프는 마을 뒷산으로 산책을 나갔다. 그런데 크리스토프가 구불구불한 산 속 언덕길을 천천히 걸어 올라가고 있을 때, 길 건너편에 한 여인의 모습이 보였다. 검은 옷을 입은 여인은 두 아이와 함께 꽃을 따고 있었다. 크리스토프는 자신도 모르게 그 쪽으로 다가갔다. 그러다가 서로 얼굴을 마주친 순간, 깜짝 놀라고 말았다.

"오, 그라치에!"

"어머, 선생님!"

그 여인은 바로 그라치에였다. 그라치에는 이미 두 아이의 엄마가 되

어 있었다. 그날 밤, 크리스토프는 그라치에가 묵고 있는 곳으로 찾아갔다.

"제 남편은 얼마 전에 피살되었어요. 이제 저에게는 오롤라와 리오네로가 남아 있을 뿐이에요."

크리스토프는 그라치에의 결혼 생활이 그다지 행복하지 않았다는 것을 비로소 알게 되었다.

그라치에도 크리스토프의 지나간 이야기를 듣고, 진심으로 애정이 담긴 위로의 말을 해 주었다.

크리스토프는 아무 말 없이 피아노를 쳤다. 피아노 선율 사이로 말로는 다 못할 애틋한 사랑과 추억의 이야기가 흘러나오고 있었다.

"우리 늦가을에 로마에서 만나요."

"안녕, 그라치에!"

그라치에는 다른 곳으로 여행을 떠났다. 크리스토프는 약속대로 늦가을에 그라치에와 만나기로 한 로마로 갔다.

먼 곳으로 간 크리스토프

크리스토프는 로마에서 그라치에를 만나 따뜻한 애정을 나누었다. 그러던 중에 그라치에의 주선으로, 파리에서 열리는 연주회의 지휘를 맡게 되었다.

파리에 도착한 크리스토프는 올리비에에 대한 추억으로 가슴이 찢어질 듯 아팠다. 올리비에가 세상을 떠난 뒤 크리스토프는 한 번도 파리에 오지 않았었다.

이번에도 크리스토프는 파리를 다시 보고 싶지 않아서, 연주회 날까지 줄곧 방 안에만 틀어박혀 있었다.

그러던 어느 날, 크리스토프가 그라치에에게 편지를 쓰고 있는데 누군가가 방문을 두드렸다.

"누구시오? 들어오시오."

그러자 뜻밖에도 열네댓 살쯤 되어 보이는 한 소년이 방으로 들어왔다.

"너는 누구지?"

크리스토프가 물었다.

"네, 저는……."

소년은 방 안을 살펴보더니, 탁자 위에 있는 올리비에의 사진을 가리키며 말하였다.

"저 분의 아들입니다."

"뭐? 네가 올리비에의 아들이라고?"

크리스토프가 깜짝 놀라며 소년의 얼굴을 유심히 살펴보았다. 그러더니 흥분된 목소리로 말하였다.

"그래, 틀림없이 너로구나!"

잠시 후, 흥분을 가라앉힌 크리스토프는 미소를 지으며 말하였다.

"내가 너무 흥분했구나! 이해해 다오. 나는 네 아버지를 그만큼 사랑했단다. 그런데 네 이름은 무엇이니?"

"조르주입니다!"

"오, 조르주! 지금 몇 살이니?"

"네, 열네 살입니다."

"벌써 그렇게 되었구나. 바로 엊그제 일 같은데……. 영락없이 너는 아버지를 닮았구나. 그런데 어떻게 이 곳을 알고 찾아왔지?"

"어머니께서 말씀해 주셨어요."

"어머니가? 지금 어디 살고 계시니?"

"어머니와 저는 몽소 공원 근처에 살고 있어요."

그러면서 조르주는 크리스토프에게 음악을 하고 싶다고 말하였다. 그 후로 크리스토프는 조르주에게 매일 피아노를 가르쳐 주었다.

이제 조르주는 완전히 크리스토프를 따르게 되었고, 또 마음으로부터 존경하고 있었다.

크리스토프는 조르주가 처음 찾아왔던 날, 너무도 흥분되어 잠을 이룰 수가 없었다. 크리스토프는 곧장 파리에 정착하여, 매일 조르주가 오기만을 기다렸다.

어느 날, 크리스토프는 그라치에로부터 편지를 받았다. 두 아이를 데리고 파리로 온다는 내용이었다.

오랜만에 그라치에를 만난 크리스토프는 이런저런 이야기를 하다가, 그라치에가 파리로 오게 된 이유를 알게 되었다. 크리스토프는 일부러 자신의 실패담도 들려주고, 앞으로의 계획도 이야기하면서 그라치에의 근심을 덜어 주려고 하였다.

그라치에는 자신에게 자상하게 마음을 써 주는 크리스토프가 너무도 고맙게 느껴졌다. 그라치에는 파리에 머무는 동안, 크리스토프와 매주 만났다.

어느 새 크리스토프와 그라치에는 다정한 남매같이 되었다. 그러자 그라치에의 딸인 오롤라는, 그라치에를 크리스토프에게 빼앗겼다고 생각하는지 가끔 심술을 부렸다.

그런 가운데 여러 해 전부터 병을 앓아 오던 그라치에의 아들 리오네로의 병이 더욱 악화되었다. 사실, 그라치에가 파리로 오게 된 이유도 리오네로 때문이었다.

그라치에는 오롤라를 코레트에게 맡기고, 리오네로와 함께 알프스의 산중에 있는 요양소로 떠났다. 얼마 후 리오네로가 위독한 상태에 이르자, 크리스토프는 곧장 요양소로 달려갔다. 그는 그라치에를 위로하여 주며, 리오네로를 헌신적으로 간호하였다.

그라치에는 크리스토프에게 감동하였다. 그러나 끝내 리오네로는 세상을 떠나고 말았다. 상심한 그라치에는 몇 달 뒤에 오롤라에게 반지를 빼어 주면서,

"크리스토프에게 이 반지를 꼭 전해 주어라."

라는 당부의 말을 남긴 채 세상을 떠났다.

그라치에의 죽음 소식을 들은 크리스토프는 한동안 멍하니 있었다. 그 후, 크리스토프는 몇 달 동안이나 자신의 마음속에 그라치에의 영혼을 품고, 무언의 대화를 나누었다. 크리스토프는 조용히 눈을 감고서 마음의 노래에 귀를 기울였다. 그러다가 피아노 앞에 앉아 몇 시간이고 자신의 손가락이 움직이는 대로 내버려 두었다.

크리스토프는 이 기간 중에 가장 많은 즉흥곡을 작곡하였다.

어느 날 밤, 코레트의 집에서 열린 모임에 참석한 크리스토프는, 피아노 앞에 앉아 많은 사람들이 있다는 사실도 잊은 채 작곡에 열중하였다.

사람들은 크리스토프의 그 예리한 즉흥곡에 압도되어 아무 말도 못하고 있었다. 음악을 잘 알지 못하는 사람들까지도 감동으로 가슴이 뭉클해졌다. 코레트의 눈에도 눈물이 고였다.

이 무렵, 크리스토프의 작품 중에서 가장 힘찬 작품들이 나왔다. 이때의 작품 속에는 당시의 모든 음악의 아름다움이 결합되어 있었다. 이때의 작품에는 독일의 학자적인 사상과 이탈리아의 정열적인 선율, 그리고 파리의 부드러운 화음과 풍부한 재능이 넘쳐흘렀다. 깊은 슬픔과 절망에서 생기는 그 감격은 몇 달 동안이나 계속되었다.

그 후, 크리스토프에게는 새로운 인생이 시작되었다.

크리스토프의 생활은 예술의 세계, 음악의 무대에만 국한되어 있지 않았다. 크리스토프는 누구를 사랑하지 않고서는 견딜 수가 없었다. 그래서 그라치에의 딸 오롤라와, 올리비에의 아들 조르주에게 남다른 사랑과 관심을 쏟았다. 조르주와 오롤라는 코레트의 집에서 가끔 만났으므로, 두 사람은 부담없이 사귀게 되었다.

크리스토프는 오롤라에게 아버지와 같은 사랑을 베풀었다. 오롤라도 어릴 때부터 자주 크리스토프를 보아 왔고, 어머니의 당부와 더불어 지금 크리스토프가 손가락에 끼고 있는 반지의 의미도 알고 있었기 때문에 크리스토프를 아버지처럼 좋아하고 따랐다.

오롤라는 크리스토프와 이야기를 나눌 때가 가장 즐거웠다. 그러다가 조르주를 알게 되자 크리스토프가 더욱 가깝게 느껴졌다. 조르주도 크리스토프를 만나러 오는 것이 정말 즐거웠다. 이렇게 해서 조르주와 오롤라는 자연스럽게 가까운 사이가 되었다.

마침내 조르주와 오롤라는 결혼을 약속하였다. 그런데 이 무렵, 크리스토프의 건강은 급속도로 나빠지고 있었다.

"아, 결혼식이 끝날 때까지는 제발 아무 일도 없어야 할 텐데……."

조르주와 오롤라의 결혼식은 엄숙하고도 성스럽게 진행되었다. 크리스토프는 조르주와 오롤라의 행복해하는 모습을 바라보며, 감격하여 눈물을 흘렸다. 그런데 크리스토프는 결혼식이 끝나고 집에 돌아와 결국 쓰러지고 말았다.

그날 밤, 크리스토프의 영혼은 병들어 지친 육체로부터 떠나가고 있었다.

"이제 오래 가지는 못할 거야."

크리스토프는 마치 남의 이야기를 하듯이 이렇게 말하였다. 그러면서 창문 앞까지 길게 뻗어온 나뭇가지를 물끄러미 바라보았다. 어린 꽃눈이 틔어 있었고, 하얗고 작은 꽃이 피어 있었다. 새 봄과 함께 소생하려는 힘찬 생명의 숨결을 느낄 수가 있었다. 크리스토프의 주위에는 아무도 없었다.

크리스토프는 숨을 가쁘게 몰아쉬면서 이윽고, 삶에 대한 찬가를 부르기 시작하였다. 그러다가 의지의 힘이 모두 빠지자 조용히 눈을 감았다. 행복의 눈물이 감은 눈을 촉촉하게 적셨다. 이 때 종소리가 조용히 들려왔다.

크리스토프는 꿈 속에서 어린 시절 자신의 작은 방을 바라보았다. 계단의 창가에 턱을 괴고 앉아 있는 자신의 모습도 떠올랐다. 크리스토프의 전 생애가 라인 강처럼 저 멀리에서 흐르고 있었다. 이제 크리스토프 앞에는 죽음의 문이, 그 어두운 문이 열리려 하고 있었다. 그러나 크리스토프는 이 죽음의 문도 더 이상 두렵지 않았다.

'오오, 어둠이여! 태양을 잉태하는 빛이여! 나는 당신을 두려워하지 않습니다. 하나의 별이 꺼져 없어져도, 다른 무수한 별들은 빛을 냅니다.'

크리스토프는 마음속으로 이렇게 중얼거렸다.

'주여! 당신의 종에 대해 너무 불만을 품지 말아 주십시오. 저는 사소한 일밖에 할 수 없었습니다. 그러나 저는 싸우고, 괴로워하고, 혼미하고, 그리고 창조하였습니다. 이제 저를 당신의 품으로 데려가 주옵소서!'

크리스토프는 노래를 부르기 시작했다.

다시 소생할 것이다, 쉬어라.
영광이 있으라, 죽음이여!

크리스토프는 강을 건넜다. 그리고 저편 기슭에 남아 있는 사람들의 외침 소리도 들리지 않을 아주 먼 곳에 이르렀다.

작품 알아보기
(장편문학)

〈장크리스토프〉는 10권이나 되는 대하 소설로, 쓰는 데만 무려 8년이 걸린 작품이다.

크리스토프의 소년시절과 청년시절, 장년기의 파리 생활, 그리고 생애의 완성기 등 크게 3장으로 이루어진 이 작품은 로맹 롤랑의 모든 사상을 집약시켜 놓은 작품으로, 독일의 작곡가 베토벤을 모델로 삼았다고 전해진다.

라인 강변의 작은 도시에서 태어난 크리스토프는 어려서부터 음악에 대한 남다른 재능과 열정을 보여 준다.

그는 할아버지 미셸 노인의 영향을 받아, 위대한 음악가로서의 꿈과 야심을 키워 나간다.

하지만 음악가로서의 그의 길은 결코 순탄하지만은 않았다. 어린 시절부터 인생의 고뇌와 허위를 경험한 그는 가난한 가정 환경과 사랑하는 사람들의 잇따른 죽음, 관객들의 몰이해와 음악에의 좌절 등으로 깊은 실의에 빠지게 된다.

하지만 절망은 오히려 크리스토프를 더 새로운 행동으로 나아가도록 채찍질한다. 언제나 인간성에 대한 깊은 신뢰감을 잃지 않은 크리스토프는 결국 온갖 고난을 이겨내고 음악가로서, 위대한 영혼의 소유자로서 당당히 일어서게 된다.

작품 알아보기
(장편문학)

대규모 사회소설로서의 면모를 보여 주는 이 작품은, 독일 및 프랑스에 대한 문명 비평이 포함되어 있으며, 유럽 각국의 정신을 조화시켜서 일종의 유럽 공화국 구축을 꿈꾸었던 작가의 이상 소설이기도 하다.

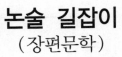

논술 길잡이
(장편문학)

❶ 아래 그림은 크리스토프가 태어났을 때의 모습을 그린 것이
다. 그 당시 크리스토프의 집안 형편은 어떠하였는지 구체
적으로 서술해 보자.

....

....

....

....

....

논술 길잡이
(장편문학)

❷ 다음은 크리스토프가 주위의 모든 것을 음악으로 느끼고, 받아들이는 장면이다. 주위에서 들리는 온갖 소리에 귀를 기울여 보고, 그것을 글로 표현해 보자.

크리스토프의 마음에는 모든 것이 음악적으로 들려왔다. 흔들리고 와글거리고 고동치는 모든 것들, 뜨겁게 내리쬐는 여름날의 햇볕, 산들바람이 부는 밤의 정적, 밤하늘을 수놓는 별의 소곤거림, 사납게 몰아치는 폭풍, 새들의 지저귐, 귀뚜라미의 울음소리, 나뭇가지가 흔들리는 소리, 문이 삐걱이는 소리, 밤의 침묵 속에서 들리는 심장이 고동치는 소리 등, 세상에 존재하는 모든 것들이 그에게선 음악이었다.

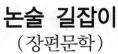

논술 길잡이
(장편문학)

❸ 아래 글을 읽고, 할아버지가 크리스토프에게 기대한 것은 무엇인지, 또 크리스토프가 훌륭한 음악가가 되기까지 할아버지는 어떤 역할을 했는지 구체적으로 써 보자.

"크리스토프, 너는 나를 기억해 줄 수 있겠지? 장차 네가 훌륭한 음악가가 되어 우리 집안의 명예가 되고, 조국의 명예가 되었을 때, 맨 처음 너를 알아보고 네 미래를 예언한 사람이 이 할아버지였다는 것을 기억해 주겠지?"

미셸 노인은 이렇게 말하면서 눈물을 글썽였다. 그러나 약한 모습을 크리스토프에게 보이고 싶지 않아서, 무뚝뚝한 표정으로 악보를 챙겨 넣으면서 크리스토프를 집으로 돌려보냈다.

논술 길잡이
(장편문학)

❹ 다음은 외삼촌 고트프리트와 크리스토프가 대화를 나누는
장면이다. 고트프리트가 생각하는 음악은 어떤 것인지 논술
하라.

"노래는 생각하면 할수록 만들기 어려운 거야. 노래를 만들려면 이렇
게 해야 한단다. 자, 눈을 감고 잘 들어 보아라."

은빛 안개가 나직이 내려앉아 반짝거리는 물 위에 감돌고 있었다.
목장 안에서는 개구리들이 울고 있었고, 플루트 소리 같은 두꺼비 울음
소리가 들려왔다. 바람은 나뭇가지를 살랑살랑 흔들어 주고 있었고, 강
위의 언덕에서는 뻐꾸기의 가냘픈 노랫소리가 들려오고 있었다. 두 사
람은 자연이 들려주는 연주회에 귀 기울이고 있었다. 오랜 침묵 끝에
고트프리트가 입을 열었다.

"네가 어떤 노래를 만들건, 저것들보다 뛰어날 수는 없지 않겠니?"

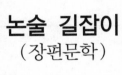

논술 길잡이
(장편문학)

❺ 아래 그림은 크리스토프가 올리비에를 통해, 독일에서 우연
히 만난 여인 앙투아네트의 죽음을 알게 되는 장면이다. 이
때 크리스토프가 느꼈을 감정을 추측하여 써 보자.

논술 길잡이
(장편문학)

❻ 〈장크리스토프〉는 천재적인 한 예술가의 삶과 사랑을 그리고 있다. 자신이 알고 있는 예술가 중에 크리스토프와 닮은 예술가가 있는지 알아보고, 공통점과 차이점을 논술해 보자.

◆예술가의 이름:

◆공통점:

◆차이점:

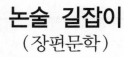

논술 길잡이
(장편문학)

❼ 올리비에가 죽은 후 실의에 빠져 있던 크리스토프는, 마음
속에서 들려오는 생명의 소리를 듣는다. 이 때 크리스토프
가 느꼈을 내면 심리와 다짐을 그의 입장이 되어 써 보자.

논·술·세·계·대·표·문·학 〈전60권〉

펴 낸 이	정재상
펴 낸 곳	훈민출판사
주 소	경기도 고양시 덕양구 원당동 416번지
대표전화	(031)962-3888
팩 스	(031)962-9998
출판등록	제395-2003-000042호

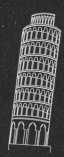